Final de análise:

possibilidades, impossibilidades e articulações

Final de análise:

possibilidades, impossibilidades e articulações

Regina Beatriz Silva Simões

Editora
Letramento

Editores:
Alencar Perdigão e Gustavo Abreu

Projeto gráfico, Diagramação e Revisão:
Nathan Matos

CAPA:
Leonardo Mathias

Este livro foi editado respeitando as novas regras ortográficas.

Dados Internacionais de Catalogação na Publicação (CIP)
Bibliotecária Juliana Farias Motta CRB7-5880

S593f Simões, Regina Beatriz Simões

Final de análise : possibilidades, impossibilidades e articulações / Regina Beatriz Silva Simões. Belo Horizonte, MG : Letramento, 2015. 140 p.
Inclui referências
ISBN: 978-85-68275-16-0
Originalmente apresentado como Dissertação(Mestrado) Universidade Federal de São João del - Rei, MG,2013
1.Freud, Sigmund,1856-1939.2. Lacan, Jacques, 1901-1881.3. Psicanálise. I. Título. II. Título : possibilidades, impossibilidades e articulações.
CDD 150.1952

Editora
LETRAMENTO
www.editoraletramento.com.br

Impresso no Brasil.
Printed in Brazil.

Quixote
EDITORA

Sumário

Agradecimentos

À Ana Maria Portugal Maia Saliba, pela dedicação, respeito e carinho ao meu trabalho. Pela credibilidade que me permitiu persistir. Pelo prefácio deste livro que tanto me honra.

À Márcia Maria Rosa Vieira Luchina, pelas interrogações que me fizeram avançar. Pela escrita afetuosa que compõe a orelha deste livro.

Ao Wilson Camilo Chaves, pelas observações relevantes ao texto e acolhida sempre generosa.

À Ariana Lucero, pela leitura cuidadosa e prontidão diante de minhas solicitações.

À Virgínia Valadares, pela interlocução preciosa e observações pertinentes.

Ao Fábio Borges, pela escuta diferenciada que me possibilita uma construção única. Pelo incentivo aos meus projetos de vida.

Ao Agostinho, Gabriela e Marina,
amores que me abastecem.

Às vezes escrever uma só linha basta para salvar o próprio coração.
Clarice Lispector

Finita e infinitamente

Ana Maria Portugal

O querer é infinito e a execução confinada,
o desejo é sem fronteiras
e o ato, um escravo do limite.
Shakespeare

Estabelecer um fim para a psicanálise não é tão complicado assim. Fim confunde-se com objetivo, e este nos é dado com frequência pelos próprios sujeitos que nos procuram: alívio dos sintomas, apaziguamento das angústias, desbloqueio das inibições ou ainda uma sensação de maior liberação em relação às amarras que a vida lhes impõe.

Final já não seria o mesmo. Já implica em que analista e analisante se confrontem com pontos da estrutura, respondendo a coordenadas a que cada analista chegou com sua própria experiência, ancorado nos textos fundamentais de Freud e Lacan – e ainda de outros colegas que se dedicaram a transmitir sua prática.

No caso da psicanálise a coisa se complica ainda mais, na medida em que seu próprio fundador lança um texto que supõe uma análise finita e infinita – *endliche und unendliche Analyse* –, numa dimensão que inclui um ponto em perspectiva – o infinito – ponto inatingível, a ser calculado, com os auxílios dos ensinamentos da matemática através da postulação de limites.

Neste tema de final de análise somos, pois, condicionados a falar de possibilidades, impossibilidades, articulações. Alguns autores propõem variáveis. Outros expõem sua prática, descrevendo como terminam as análises, ou como e porque se interromperam, etc. De qualquer maneira, o que presenciamos e temos acesso são interrogações, pesquisas, relatos, considerações.

O que nos interessa, no entanto, é que cada uma dessas abordagens sempre traz algo de novo, um olhar que chama atenção para detalhes da bibliografia e dos percursos dos autores referenciados, detalhes que ficaram, no correr dos tempos esquecidos ou relegados a um plano não tão importante. Isso é o que Freud revela no obituário do colaborador e discípulo Sandor Ferenczi, cuja criatividade nas produções teóricas da psicanálise o próprio Freud já havia acentuado na homenagem a seu quinquagésimo aniversário.

Ao destacar a contribuição deste autor, o livro Final de análise: possibilidades, impossibilidades e articulações valoriza o fato de ter sido Sandor Ferenczi o instigador do artigo de Freud sobre a análise finita e infinita, especialmente no enigmático tema do tempo de duração das análises: poderia ser abreviada? Qual seria seu limite?

Mesmo fazendo muitas críticas aos caminhos teóricos de Ferenczi, a ligação de Freud a ele foi bastante intensa, inclusive sendo sempre convidado a partilhar suas férias. Houve uma temporada especial, em 1910, quando se encontraram em Siracusa. Freud buscava em Ferenczi um colega analista, a quem pudesse falar de sua 'autoanálise' com Fliess e das decepções daí decorrentes. Mas a acolhida de Ferenczi não podia ser a de um analista, pois estava em transferência com aquele que considerava seu mestre, e nunca tinha feito análise, o que desembocou em reações infantis, que decepcionaram Freud. Alguns anos depois, Ferenczi iniciou uma análise com Freud, considerada por este incompleta.

É curioso que, nem sempre explicitamente, todas estas questões são abordadas no texto de Freud sobre a análise finita e infinita: a análise do analista, que às vezes precisa ser retomada, a demarcação dos pressupostos fundamentais da teoria, a luta da dualidade das pulsões, os impasses criados pelo real – não somente os da realidade, mas essencialmente os provindos da estrutura, ou seja, as questões sobre o gozo.

Além de acompanhar este texto de Freud e suas aberturas, especialmente no que toca aos ensinamentos de Lacan, o presente livro nos brinda ainda com relatos de supostos finais de análise. Trata-se de como prosseguiu a vida de Anna O. – a primeira a ser submetida ao método da cura pela fala e de Marie Bonaparte, posteriormente analista, cuja contribuição foi essencial por sua implicação com a causa analítica. Podemos nos perguntar se devemos ou não considerá-los como finalização de uma análise, questão bem discutida nestas páginas e acompanhada de suas possíveis articulações e impasses.

Ocorrem-me, então, os versos do poeta Leminski:

"...a dignidade suprema de um navio perdendo a rota."

Certamente há uma rota. Ou várias. Mas pode não ser o porto a que se pretende chegar. Ou nem podemos saber ao certo aonde chegar. O navio pode desviar-se da rota, perdê-la, buscar sinais ou vetores para reencontrá-la, ou até mesmo abandoná-la, mas a dignidade suprema de seu porte ereto singrando os mares, isso o mantém decidido a prosseguir. Onde vai chegar, ou não, só o acaso, o encontro faltoso dirá.

Que esta pesquisa sobre o final de análise sirva aos leitores como pretexto para prosseguir na abertura das questões aqui esboçadas.

Apresentação

Esta publicação é baseada em minha dissertação de mestrado, intitulada "Final de análise: possibilidades, impossibilidades e articulações na teoria psicanalítica", apresentada na Universidade Federal de São João del-Rei, MG, em junho de 2013.

É fruto de uma investigação teórica e clínica e de um interesse em percorrer a teoria de Freud e o ensino de Lacan com um olhar comparativo e interrogativo sobre a questão das possibilidades e impossibilidades de uma análise chegar ao fim. O texto original sofreu algumas alterações visando a adequação relativa à publicação de um livro.

Procurei apresentar um material acessível aos estudiosos e interessados pela psicanálise que se inquietam com o tema da finalização de um processo analítico e, para isso, delimitei a "castração" como viés para este trabalho. Empenhei-me em buscar na obra de Freud e no ensino de Lacan elementos para articulações que evidenciam a força da castração na vida do sujeito e a implicação desta no percurso analítico. Para abordá-la percorri a primeira parte de um trajeto em que o tratamento dado às histéricas por Freud, a reflexão de Ferenczi e o texto "Análise terminável e interminável" (Freud, 1937) foram privilegiados. Cumprido este itinerário, acrescentei o Complexo de Édipo e o Complexo de castração nas perspectivas freudiana e lacaniana, pois foi a partir de tais complexos que os psicanalistas puderam pensar as relações primárias dos sujeitos.

Para concluir, atenta ao ensino de Lacan, desdobrei o tema em foco: possibilidades e impossibilidades do final de análise, articulando-o às questões da travessia da fantasia e da posição do sujeito diante da castração, tendo como referência a questão da demanda e do desejo diante de sua causa, o objeto *a*.

A fundação da psicanálise se deu em essência pelas cartas trocadas entre os primeiros psicanalistas. A partir daí, processou-se uma construção marcada por riscos, encontros e desencontros para os que se lançam em sua prática. Endereço dessa maneira aos que se arriscam a percorrer os trajetos da psicanálise, fragmentos escolhidos deste trabalho de pesquisa que mais se aliaram à minha experiência clínica e que me possibilitaram a aventura de prosseguir no caminho proposto por Freud e sustentado por Lacan em que a palavra e a escrita ocupam lugares privilegiados.

Introdução

A psicanálise tece sua história envolta em interrogações, o que permite seu avanço. No trabalho desenvolvido por Sigmund Freud, inaugurado pela escuta das histéricas, as indagações se apresentaram inquietantes e pontuais. Foi a partir dessa escuta que Freud viabilizou e sustentou a possibilidade de um tratamento analítico. Instaurou-se, dessa forma, um novo discurso e o trabalho de Freud se processou, assim, com a escrita da experiência clínica.

Durante o início do século XX, as classes médica e acadêmica europeias presenciaram assustadas, perplexas e eufóricas, a expansão das ideias de Freud. Tudo soava como novo no contexto clínico da época. A credibilidade freudiana era questionada: suas propostas criticadas, dúvidas discutidas, seus ensinamentos resistentemente interrogados. Freud rompeu com a tradição do saber médico. A relação médico/paciente relativizou o poder conferido ao primeiro e a obediência e ignorância atribuídas ao segundo, restituindo ao paciente o saber desconhecido sobre seu sintoma. Os adeptos da teoria freudiana ora solidários e cúmplices, ora descrentes e relutantes, chegavam de várias partes da Europa, tentando consolidar as ideias do mestre. A psicanálise registrou amigos e opositores em vários países e, assim, se formou a "Sociedade das Quartas-feiras", constituída por membros que sustentavam um saber em construção. Esta sociedade era composta por um pequeno grupo de profissionais, médicos e intelectuais que se reuniam com Freud para discutir a psicanálise. Tais reuniões eram lideradas pelo próprio Freud e aconteciam em seu consultório, em Viena; elas receberam este nome porque ocorriam, semanalmente, às quartas-feiras.

A psicanálise se edificou paulatinamente. Desde os primeiros escritos até o final de sua vida, Freud incansavelmente lutou pela consolidação e propagação do trabalho que construiu. A Sociedade Psicanalítica instituída por ele visava ao estudo e à verificação de suas descobertas, e também à salvaguarda da teoria ainda em construção. Nos últimos anos de sua vida, marcados pela doença, perdas e desilusões, ele escreveu e trouxe ao mundo suas últimas interrogações. Apresentou o tema do "final de análise", concomitante ao término de sua história, e interrogou-o mais do que o concluiu. Reviu seus textos, fez correções, buscando a explanação de sua obra.

Propomos-nos a averiguar as possibilidades, impossibilidades e articulações do final de análise na teoria psicanalítica, por considerá-lo um tema relevante não somente no âmbito da teoria como no da clínica. Existe um final de análise? Há diferença nas abordagens de Freud e Lacan relativas ao tema "final de análise", principalmente no tocante à castração?

Falar de final de análise só é possível se fizermos um percurso pela "entrada em análise", trajeto que visa ao inconsciente. Este momento é marcado pela demanda de cura, demanda dirigida ao analista. Neste início do processo há, no mínimo, um estremecimento da rotina do sujeito, um abalo no cotidiano proveniente de um golpe que afeta o que anteriormente lhe trazia segurança. A entrada em análise comporta a interpretação prévia que o sujeito dá a seus sintomas. Isso precede sua iniciativa de se dirigir ao analista. A entrada em análise verifica a implicação do sujeito com o inconsciente através da regra fundamental da psicanálise: a associação livre. De acordo com essa regra, do lado do analista, não se trata de atender a uma demanda de saber e de amor, mas de possibilitar que o desejo do sujeito advenha no percurso de análise. O analisante faz um pedido de restituição de saber sobre aquilo que lhe falta, para, supostamente, alcançar o alívio de seu sofrimento. Demanda sem nome, demanda sem fim. Entretanto, não cabe ao analista dar uma resposta. Este percurso implica um ato do sujeito, pois sua decisão de prosseguir comporta um engajamento pautado no mal-estar. Neste processo em que o sujeito busca respostas e caminhos, diante da impossibilidade de satisfação de suas demandas, revela-se a ação de um desejo por trás de suas escolhas. Ao longo do processo analítico, o sujeito vai se descolando dos significantes pelos quais se representa, mas que foram imputados pelo Outro.

Freud (1937/1980), em seu texto "Análise terminável e interminável", pontuou, entre outras questões, a eficácia do trabalho analítico. Reviu seus textos, propôs diretrizes, fez advertências aos analistas e apostou na possibilidade de uma análise chegar ao fim (p. 250–255), buscando garantir a eficácia do seu método. Entretanto, verificamos que há uma hiância entre a teoria e a clínica. Nos casos clínicos apresentados por Freud, em sua extensa obra, são claras e não raras as interrupções do tratamento, e não as suas finalizações.

Cabe ressaltar que, em suas revisões sobre o final de análise, Freud deu ênfase à "castração". Este conceito, que faz parte de seus textos desde 1900, o acompanhou na construção da teoria psicanalítica, pois sem o confronto com a mesma a análise não progride.

Sigmund Freud descobriu o complexo de castração durante a análise do pequeno Hans (1909) quando se debatia com as questões da fobia deste menino de cinco anos. Herbert Graf, o menino que se tornou célebre na psicanálise sob o nome de Pequeno Hans, era filho de uma ex-paciente de Freud e de Max Graf, musicólogo, crítico de arte e literatura, participante da Sociedade das Quartas-feiras. Freud aborda o caso de Hans através de entrevistas e cartas trocadas com o pai da criança. Freud e Hans se encontraram pessoalmente apenas uma vez (Roudinesco e Plon, 1998, p. 307).

A história do pequeno Hans é um dos pilares da teoria da sexualidade freudiana, pois foi através das fantasias de castração que o menino revelava e que tanto o angustiavam que Freud se debruçou para compreendê-las. Por intermédio das pistas oferecidas pelos relatos do menino que chegavam através de seu pai, Freud construiu o conceito de complexo de castração, tendo como base os mecanismos inconscientes que originavam a fobia. A diferença anatômica entre os sexos, o narcisismo, o desejo pela mãe, a masturbação infantil, a angústia gerada pelas perdas na infância, enfim, tudo isso que foi encontrado nos relatos da análise do menino ressoaram nas hipóteses freudianas.

Laplanche e Pontalis (1983) definem o complexo de castração como: "complexo centrado no fantasma (fantasia) de castração, que vem trazer uma resposta ao enigma posto à criança pela diferença anatômica dos sexos (presença ou ausência de pênis): esta diferença é atribuída a um corte do pênis da criança do sexo feminino" (p. 111). Os desdobramentos deste conceito, aliado ao caso clínico elaborado por Freud (1909/1980) sobre o "Pequeno Hans", são pontos importantes a serem desenvolvidos neste trabalho, tendo em vista a castração. Sublinhamos, por ora, a diferença que Freud marca, anos depois, no confronto com o "grande rochedo da castração" entre a mulher e o homem e a posição de ambos diante desse impasse.

A questão do final de análise deu origem a um número significativo de estudos desde que a psicanálise se fez presente. Ferenczi (1927/1992) se esforçou por sistematizar pontos sobre este tema. Apresentou, durante o "X Congresso Internacional de Psicanálise em Innsbruck", em 3 de setembro de 1927, uma conferência em que apostava na finalização do processo analítico e na formação do analista, sustentando que:

> A análise não é um processo sem fim, mas que pode ser conduzida a um término natural se o analista possui os conhecimentos e a paciência suficientes. Se me perguntarem se posso citar um grande número de análises concluídas assim, devo responder-lhes: não. Estou firmemente convencido de que, quando se tiver suficientemente aprendido sobre seus modos de atuar [o analista] e seus erros, e se tiver aprendido pouco a pouco a contar com os pontos fracos de sua personalidade, irá crescendo o número de casos analisados até o fim (Ferenczi, 1927/1992, p. 23–24).

Em seu pioneirismo na abordagem do tema, Sandor Ferenczi deixou margem para o prosseguimento da questão, acreditou na evolução da psicanálise e apostou num futuro para o trabalho clínico. Freud (1937/1980), ao ler as colocações de Ferenczi, insinuou que este tinha uma postura ingênua sobre o tema, pois não abordou o rochedo da castração. Sinalizou ainda que ele era otimista em relação ao desfecho da análise, uma vez que esta vai além da interpretação dos sintomas (p. 281).

Lembramos que Freud (1937/1980), em "Análise terminável e interminável", formula a possibilidade de um final de análise, embora a nota do editor inglês nos dê a impressão de pessimismo em relação à eficácia da psicanálise (p. 241–246). O texto se inicia com uma interrogação: o que pode ser considerado como término de análise? Surge a pergunta sobre a possibilidade de uma análise levar a um nível de normalidade psíquica absoluta, solucionando todos os recalques e preenchendo as lacunas deixadas nas lembranças. Interroga-nos também sobre a transferência, mola propulsora do trabalho analítico. Além disso, Freud (1937/1980) fala-nos sobre os mecanismos de defesa que "servem ao propósito de manter afastados os perigos" (p. 270) da castração e constituem resistência à análise, e, portanto, à sua finalização. No final do texto, Freud (1937/1980) ressaltou a formação do analista: "onde e como pode o pobre infeliz adquirir as qualificações ideais de que necessitará em sua profissão?", cuja resposta é: "na análise de si mesmo" (p. 282). Concluiu que o aprendizado teórico da psicanálise por si só era insuficiente para a formação de um analista, pois é na experiência da própria análise que se adquire a convicção da realidade do inconsciente (p. 250–282).

Freud (1937/1980) trouxe a teoria da castração e chamou a atenção para o fato de que as duas questões referentes ao sexo – a luta contra a passividade nos homens e a inveja do pênis nas mulheres –, contidas na expressão "repúdio ao feminino", encontravam-se presentes em todas as análises, e invariavelmente eram fontes de dificuldades para o analista. Freud (1937/1980) situou aí o confronto com o "grande rochedo da castração" (p. 285). Portugal (1999) nos propõe uma releitura do texto freudiano para que possamos situar devidamente o uso feito pelo autor da expressão "grande rochedo".

Destacamos que a palavra "rochedo", na nossa tradução, significa aquilo que serve de fronteira, de limite. O termo utilizado por Freud, em alemão, *Fels*, refere-se à camada mais profunda do mar, rio ou lago, ou seja, ao solo propriamente dito, àquilo que há de mais sólido e intransponível. Ele marcou esse ponto como um ponto de impasse, de esgotamento. Questionamos: em que aspectos esse limite aponta ou anuncia a finalização de um processo analítico? Seria o rochedo da castração, de fato, intransponível?

Portugal (1999) nos dá uma visão diferenciada desta tradução e acrescenta que a expressão que encontramos na língua de origem de Freud é "*gewachsenen Fels*, um grande rochedo, rochedo crescido, desenvolvido, aumentado, através do qual a análise vai 'rompendo' caminho" (p. 86). Acrescenta que, se é possível falar no rochedo como o rochedo da castração, é por seu caráter de grandeza, de crescimento, possibilitando pensar no limite e no rompimento do mesmo. Segundo a autora, a rocha dura, engrandecida no curso do tratamento pode ser atravessada, rompida (p. 87).

Lacan (1957–58/1999), em sua teorização sobre o final de análise, sustenta que o rochedo da castração pode ser transposto. O que significa para ele esse ultrapassamento do rochedo para que seja possível o prosseguimento da análise? Essa questão lacaniana atravessa as formulações aqui propostas.

Questões preliminares: possibilidades e impossibilidades

O início da psicanálise: *a contribuição das histéricas*

O tratamento das pacientes histéricas preparou o caminho para a prática da psicanálise. Com elas, Freud compreendeu juntamente com Joseph Breuer que sua escuta como neurologista era insuficiente para o entendimento delas e passou a construir um outro lugar: o de analista. Traçou um percurso diferenciado: a escuta do dizer sem sentido, do não sabido, daquilo que denominou inconsciente. Ao se dispor a escutar as histéricas, por um lado, credibilizou-as, ouvindo-as sem interrupção, inovando os tratamentos da época, e, por outro lado, deu vazão ao estudo daquilo que o inquietava: o universo feminino. Freud passou a ocupar um novo lugar no trabalho clínico: o lugar daquele que pretendia decifrar os sintomas.

Diante de uma abordagem clínica distinta das posturas da época, o trabalho analítico inaugurado por Freud, que visava o acesso ao inconsciente, possibilitou um outro desdobramento.

Sobre Joseph Breuer destacamos que era um médico austríaco, considerado por alguns escritores a figura paterna na vida de Freud. Breuer em seu trabalho clínico investigou inicialmente o "papel do nervo pneumogástrico na regulação da respiração, estudou depois os canais semicirculares do ouvido interno" (Roudinesco e Plon, 1998, p. 93) e se interessou pela hipnose em fins de 1870. Sete anos depois conheceu Freud, tornaram-se amigos e tiveram em comum uma clientela de doentes mentais, sobretudo mulheres histéricas da sociedade vienense. Redigiu com Freud os "Estudos sobre a histeria", foi médico de Bertha Pappenheim, que recebeu o nome fictício de Anna O. e se tornaria o fragmento clínico inaugural na história da psicanálise. A partir de 1891 os dois estudiosos apresentaram discordâncias a respeito das concepções acerca da sexualidade, da histeria e da ciência. A amizade entre eles findou na primavera de 1896. Segundo Roudinesco e Plon, no texto acima citado, "Freud se orientava cada vez mais para a elaboração de uma obra teórica, absolutamente inovadora para a época, enquanto Breuer continuava um erudito clássico, ligado aos princípios da fisiologia do seu tempo" (p. 94).

Formulamos que Freud, atento aos sinais tendenciosos de novas perspectivas clínicas, sociais e históricas, compartilhava com a elite cultural e intelectual europeia a ideia de que poderia haver substratos referentes à sexualidade presentes na histeria e isso o motivou a tentar decifrá-los.

A partir do tratamento das histéricas, introduz-se a história clínica da psicanálise direcionada à abordagem e interpretação dos sintomas. Trajeto que é atemporal, mas que passa por modulações: entrada, travessia e fim. Nesse sentido, o pioneirismo de Freud nos possibilitou interrogar sobre o final de análise, pois ao se propor a curar as histéricas, é como se acreditasse e sustentasse essa possibilidade.

No transcurso de longos anos, Freud e Breuer, em Viena, pesquisaram juntos os sintomas histéricos, e tinham como objetivo comum descobrir a sua origem a partir de seu fator desencadeante. A descoberta de que a etiologia sexual infantil se encontrava presente em todas as formas de histeria foi a alavanca de Freud nas suas construções posteriores sobre a neurose.

Para Breuer, esse foi o ponto de divergência que o motivou ao abandono dos estudos sobre a histeria, deixando a Freud um legado: a interrogação sobre o inacabado trabalho com Anna O. Na clínica freudiana, as histéricas testemunharam suas dores com histórias, relatos, fantasias e demandas, permitindo a ele hipóteses, indagações e inovadoras propostas de trabalho. Descortinou-se assim o mundo da histeria. Vamos acompanhar alguns casos clínicos apresentados por Freud.

Frau Emmy von N. foi a primeira histérica que Freud (1893–1895/ 1980) tratou usando o método catártico, recurso possível naquele momento. Segundo o autor, ao se deparar com essa senhora, interessou-se em demasia por sua personalidade e seus sintomas, e decidiu fazer o que estivesse ao seu alcance para recuperá-la. Freud diz que a própria paciente sugeriu não interrompê-la em seus relatos, fornecendo assim subsídios para o método da associação livre, que viria *a posteriori*.

Miss Lucy R., jovem que vivia como governanta numa casa próxima de Viena, é encaminhada a Freud porque sofria de afecção nasal e depressão. O diagnóstico de histeria foi dado por Freud (1892/1980) e possibilitou-lhe, no final do tratamento, dizer que essa doença pode surgir mesmo em pacientes de boa hereditariedade. Acrescentou, ainda em seus escritos, que o sintoma é o resultado de uma elaboração psíquica.

Emmy ou Emma Eckstein era uma senhora que mantinha com Freud e sua família laços de amizade, e que, entretanto, submetera-se a tratamento com ele. Segundo Freud (1895/1980) este tratamento terminou com parcial êxito, pois embora a paciente não tivesse ficado livre de seus sintomas somáticos, ficou livre de sua ansiedade histérica. Ela foi a primeira mulher a se tornar psicanalista, *a posteriori*, segundo Roudinesco (2009, p. 88).

A seguir, as histéricas continuaram a surgir em sua clínica de forma crescente e marcaram presença na história da psicanálise. Dentre estas citamos: Fräulein Elisabeth von R. (1892/1980), Katharina (1893–1895/1980), Ida Bauer ou Dora (1905 [1901]/1980) e mais tarde Lou Andreas Salomé (1937/1980) e Marie Bonaparte (1933/1980), mulheres que trouxeram preciosas contribuições não apenas à teoria, mas à história e à propagação da psicanálise.

Dentre as pacientes mestras, daremos um lugar de destaque a Anna O., paciente de Breuer, primeira a tirar o véu e a demonstrar que o sintoma histérico reagia à fala. O relato da história dessa moça vienense, que contava 21 anos quando procurou Breuer, foi feito por este junto a Freud, nos "Estudos sobre a histeria" (1893-1895/1980).

Breuer acreditava que a condição fundamental da histeria residia no "estado hipnóide" que seria um estado de devaneio, em que o afeto poderia emergir de forma bem semelhante ao que ocorre no estado de consciência criado pela hipnose. Nele, os conteúdos da consciência que poderiam surgir pouco teriam ligação com o restante da vida mental e, ainda, teria como resultado a formação de grupos de associações separados. Segundo Laplanche e Pontalis (1983): "Breuer tem o mérito de mostrar que a clivagem da consciência - característica fundamental da histeria - admite, por sua vez uma explicação genérica a partir daqueles momentos privilegiados que os estados hipnóides são" (p. 219). Breuer enfatizava o estado hipnóide por acreditar que este era ocasionado na paciente pelo trauma e constituía a base dos prováveis eventos psicológicos anormais que se manifestariam a partir daí. Em nota de rodapé, Freud (1901-1905/1980) ao se referir ao caso Dora, considera "supérfluo e enganador o uso do termo porque ele interrompe a continuidade do problema sobre a natureza do processo psicológico que acompanha a formação dos sintomas histéricos" (p. 25). Embora não sendo a favor dessa hipótese de Breuer, isso não impediu que trabalhassem juntos na direção da origem dos fenômenos histéricos.

Breuer cuidou de Anna O. de dezembro de 1880 a junho de 1882. Seus sintomas eram os sintomas clássicos das histéricas da época: apresentava acessos de tosse, contraturas musculares, distúrbios da linguagem e da motricidade e também alucinações. Misturava diversas línguas em seus relatos e chegou a ser internada por Breuer, que utilizou a hipnose nesse período hospitalar. Anna falava em inglês com Breuer, seu analista. A própria Anna deu o nome de *talking cure* ao tratamento ao qual se submetia, que se baseava em sua fala. Usou o termo *chimney sweeping*, traduzido por "limpeza de chaminé", nomeando uma forma de rememorização na qual seu discurso se baseava. (Roudinesco e Plon, 1998, p. 568 a 572).

A história nos conta que Anna tinha uma veia literária muito forte e que queria falar. Anna O., apaixonada por Breuer, manifestando uma transferência erótica num de seus momentos de agravamento dos sintomas ao longo do tratamento, diz-se grávida dele (Soler, 2005, p. 10). Isso provocou um tumulto na vida do médico que, assustado com esses fenômenos ainda não compreendidos na época, abandonou a paciente, deixando margem para inúmeras questões. Breuer descobriu a transferência sem conseguir levá-la adiante.

Iniciou-se aí a história fundadora da psicanálise: "quando Anna, a sonâmbula, falava, do fundo de suas ausências hipnóticas, a outra Anna, a do estado de vigília, curava-se de seus sintomas" (Soler, 2005, p. 9).

O que Anna O. trouxe de inédito para a compreensão dos fenômenos da histeria foi a clivagem ou a divisão da consciência. Havia duas Annas: a enferma, queixosa, tristonha, angustiada; e a outra, a sonâmbula, louca, má, alucinada – a que se apresentava sob hipnose –, duas que se mesclavam e se alternavam no tratamento. A primeira Anna, portanto, se revelava por aquilo que lhe passava de forma consciente, por aquilo que lhe permitia a censura. A segunda Anna falava através da associação livre, dizia daquilo que não sabia e que, entretanto, era o que interessava à psicanálise: o acesso ao inconsciente. Anna O. passou a fazer parte do progresso da ciência, a contribuir para o avanço da teoria psicanalítica.

Freud aprende com Breuer que a elaboração pela palavra cura o sintoma através de sua dissolução (Freud, 1900/1980, p. 107).

Em 1893, o mestre vienense abandonou a hipnose e chegou à associação livre, já utilizada por Anna O. em seu tratamento com Breuer, oficializando a "regra fundamental" do tratamento psicanalítico. O caminho de acesso ao inconsciente estava traçado.

Cerca de dez anos após a edição dos "Estudos sobre a histeria" (1893-95/1980), encontramos Anna O. em um outro contexto: dedicada às obras sociais. Segundo Soler (2005):

> Nem esposa nem mãe, ela soube sublimar sua feminilidade sacrificada: tornou-se mãe dos órfãos que acolhia, advogada e defensora dos direitos da mulher. [....] Sua vocação era, antes, para prostituta e órfã. Passando alegremente da privação assumida ao protesto militante, ela visitou, com tanta determinação quanto humor, as casas mal-afamadas do Oriente Médio a que se sentiu chamada pelo aviltamento das mulheres, e, como pioneira, negociou de igual para igual com os homens do poder. Eis, portanto, duas Annas reunidas e pacificadas numa vocação reparadora única [....]. Como únicos estigmas das aspirações passadas restaram uma curiosa paixão pelas rendas, certamente metonímia dos adereços femininos que foram objeto de renúncia, e de ódio à psicanálise, que ela proscreveu para sempre de seus estabelecimentos (p. 10).

Freud participou do caso Anna O. pelos relatos de Breuer. Insistiu com ele para a publicação do mesmo. Com resistência, Breuer cedeu às solicitações de Freud e publicou esse importante caso clínico, iniciador da história da psicanálise. O mais relevante de tudo isso é que a invenção da psicanálise cabe a Freud, porém com a participação de uma histérica. A análise de Anna O. chegou ao fim com as impossibilidades que marcaram um tempo ainda de limitação no campo da psicanálise. Os sintomas que outrora a imobilizaram deram lugar a uma mulher empreendedora. Saiu do lugar da queixa, da doença, para um outro lugar: o da sublimação. Enveredou-se numa luta pelos necessitados, foi defensora das mulheres e também militante de causas sociais. O rancor pela psicanálise, ou talvez a transferência não trabalhada suficientemente, é um traço do seu processo, o que ficou de resto. Podemos falar de final de análise para Anna O., via sublimação, como Freud, (1937/1980, p. 268–271) postulou em seus estudos teóricos ao tratar dos mecanismos de defesa?

Dando prosseguimento às histéricas e enfoque às mulheres pioneiras da segunda geração psicanalítica, destacaremos Marie Bonaparte: francesa, sobrinha-neta de Napoleão Bonaparte, analisada por Freud de 1925 a 1938. Chamada de "a princesa" pelo mestre da psicanálise (Roudinesco, 2009, p. 143–148) traduziu a obra de Freud para o francês, salvou-o dos nazistas, resgatou suas cartas a Fliess e influenciou o movimento psicanalítico em seu país, apoiando a luta pela análise leiga.

Marie Bonaparte nos interessa sobremaneira, pois é a história de uma histérica e de sua busca ávida e impossível pela identidade de mulher. Segundo Roudinesco e Plon (1998), a mãe faleceu no parto e ela foi criada pela avó paterna, considerada uma verdadeira tirana, e pelo pai sempre ausente, tomado pelas questões pessoais e profissionais. Viveu uma infância e adolescência trágicas, marcadas pela solidão, desapontamentos, perdas e decepções.

Quando em Viena, em 1925, encontrou Freud, estava à beira de um suicídio, e tinha acabado de publicar um artigo (sob o pseudônimo de Narjani) em que proclamava o mérito de uma cirurgia que tinha como resultado a mudança do orgasmo clitoridiano para a zona vaginal. Ela nutria uma "paixão cirúrgica" que a fez buscar ao longo da vida, mesmo durante sua análise com Freud, operações que lhe trouxessem a capacidade orgástica. Experimentou em seu próprio corpo a retirada de um cisto ovariano, corrigiu os seios, retificou por três vezes uma cicatriz no nariz e submeteu-se a um ato cirúrgico experimental que consistia em aproximar o clitóris do meato uretral. Submeteu-se a elas na vã tentativa de curar-se de sua frigidez (Roudinesco e Plon, 1998, p. 81 a 83). Nessa mutilação do corpo, buscada como solução, procurou libertar-se da identificação com a mãe morta e, no real do corpo, evidenciava-se o acesso impossível à castração (Roudinesco, 2009, p. 147).

Lembramos que Freud a analisou num período em que ele próprio vivenciou diversas operações cirúrgicas, buscando a cura para o câncer que se localizava em seu maxilar (Schur, 1981, p. 448). De Marie Bonaparte, sabemos que ela desafiou as interpretações freudianas e submeteu-se às cirurgias, mesmo com a desaprovação de seu analista. É neste contexto de desafios cirúrgicos que Freud e Marie Bonaparte se cruzaram e traçaram o caminho da análise.

Freud não conseguiu impedi-la de levar adiante esse *acting out*. No seu artigo "Recordar, repetir e elaborar", Freud (1914/1980) usa a palavra Agieren, traduzido em inglês por *acting out*, sublinhando a dimensão teatral deste ato. O autor introduziu a compulsão à repetição e a associou à transferência de atos do passado que não se pode rememorar. O *acting out* possui uma dimensão transferencial e reproduz um roteiro inconsciente.

Kaufman (1996) afirma que, "na análise, o *acting out* pode constituir um apelo, um desafio, uma réplica, que atestam uma incapacidade do dizer, correspondendo a uma intervenção no real ou significando o que a interpretação deixou de considerar" (p. 04). Acreditamos que o *acting out*, presente na análise de Marie Bonaparte, tornou possível a análise, quando encontrou acesso à representação e deu lugar à fala.

Marie Bonaparte apresentou, assim, comportamentos masoquistas em sua história pessoal, o que nos é revelado pelas inúmeras cirurgias feitas. Freud (1924/1980) diz que as fantasias masoquistas têm o significado de castração, de cópula ou mesmo de dar à luz a um bebê. São, portanto, fantasias femininas. Segundo o autor (1924/1980), "o masoquista deseja ser tratado como uma criança pequena e desamparada, mas, particularmente, como uma criança travessa" (p. 202). E ainda acrescenta que o masoquismo feminino baseia-se inteiramente no masoquismo primário, erógeno, no prazer com o sofrimento.

Marie Bonaparte foi, além de analisante, discípula submissa, estudiosa e admiradora de Freud, tornando-se sua grande amiga.

Lutou ao longo da vida pela psicanálise e fez o que estava ao seu alcance para impedir a reintegração da Sociedade Francesa de Psicanálise (SFP, 1953–1963) à *International Psychoanalytical Association* - IPA (Roudinesco e Plon, 1998, p. 82–83).

No final da análise da princesa, encontramos uma mulher guerreira, que não abandonou sua crença no sucesso das cirurgias e que usufruiu da experiência psicanalítica no confronto com o real do corpo. Aquilo que lhe era particular, que não se modificou, permaneceu presente até seus últimos dias: a esperança de que os cortes e retaliações corporais lhe trouxessem o sonhado prazer sexual. Nada disso, porém, a impediu de ter uma vida gloriosa e tenaz, própria de quem persegue suas causas, movida pelo desejo. Podemos falar de final de análise para Marie Bonaparte, mesmo sabendo que sua luta contra a frigidez não a fez vitoriosa?

Ao trazer Anna O. e Marie Bonaparte neste texto, buscamos ilustrar, em dois momentos históricos distintos, a força e o valor da histeria como fonte de pesquisa para Freud no desenvolvimento de sua teoria. As graves depressões que acompanharam Anna O. e o masoquismo feminino presente na história clínica de Marie Bonaparte entram neste contexto trazendo a histeria como ponto de partida, a relação transferencial como mola mestra do tratamento e, ainda, nos permitem pensar o final de análise – embora não tenhamos elementos formais para comprovar isto - pois podemos nos basear nos relatos de suas vidas, *a posteriori*. Elas fizeram diferença na saga psicanalítica.

Partindo da fala da histérica, Freud inaugurou um percurso clínico e a elaboração de uma teoria que o acompanharam por toda a vida. Fundamentou o tratamento analítico, elaborou conceitos, traçou um caminho que permitiu que analista e analisante construíssem um saber permeado pelo desejo. Viabilizou um trabalho clínico no qual situou a entrada em análise, a travessia e interrogou-se sobre a finalização do processo analítico, percurso possível somente a partir de suas descobertas com as histéricas.

O trabalho com as histéricas permitiu a Freud convocar o analista a ocupar o lugar vazio, da ausência de respostas, pois, para a psicanálise, o sujeito se manifesta na hesitação, na dúvida, tal qual no discurso histérico. É este trajeto de histerização do discurso do sujeito que possibilita o trabalho analítico.

Em relação à histeria, as questões referentes ao desfecho de análise ficaram atreladas à depressão, ao *acting out*, ao masoquismo feminino, às recaídas, e não apenas à extinção dos sintomas. Os relatos das histéricas são ricos em indicações de que a eliminação dos sintomas não sinaliza um final da análise. O trabalho exigido do inconsciente, amplamente marcado por recidivas e recaídas, exige enveredamentos ousados: o confronto com a pulsão de morte, com a sexualidade, o trabalho com a repetição, o masoquismo, com a busca dos trajetos do desejo. Este foi o marco do trabalho freudiano com as histéricas, de valor inesgotável para a psicanálise.

Ferenczi e o final de análise: reflexões para Freud

Freud retomou a questão sobre o final de análise dez anos depois que Ferenczi a lançou, fez suas reflexões sobre o tema e estas nos acompanham até hoje na clínica psicanalítica.

Ferenczi, psiquiatra e psicanalista húngaro, merece ser destacado em nosso trabalho, pois, além de sua importância nos construtos da psicanálise, teve com Freud, durante anos, uma convivência profissional e afetiva respeitosa, e, juntos, desenvolveram teses, inclusive sobre o final de análise, fundamentais para a clínica e a exposição teórica da psicanálise.

Sandor Ferenczi nasceu em Miskolc, em 1873 (Roudinesco e Plon, 1998). Era filho de judeus poloneses e considerado por muitos autores o discípulo preferido de Freud e o clínico mais talentoso da história do freudismo. Antes de se voltar para a psicanálise, Ferenczi se mostrou adepto da medicina social e teve nesta área presença marcante. Interessou-se pela escuta de mulheres prostitutas, adúlteras, rejeitadas pela sociedade e defendeu os homossexuais num texto importante apresentado na Associação Médica de Budapeste, em 1906. Visitou Freud pela primeira vez, em Viena, no ano de 1908, motivado pela leitura do texto "A interpretação dos sonhos" (1900/1980), que julgou do maior interesse para o trabalho clínico. Por aproximadamente 25 anos, os dois profissionais trocaram cartas, confidências e ideias que são relíquias na história da psicanálise.

Ferenczi foi analisado por Freud por um período de dois anos, de 1914 a 1916, análise que serviu para reflexões posteriores sobre o estatuto do tratamento psicanalítico. Ferenczi se dedicou com afinco à causa psicanalítica no percurso de seus anos de estudo. Sofreu, como todos os primeiros freudianos, perseguições e críticas sobre suas teses, e divergiu de Freud ao inventar a "técnica ativa", que consistia em fazer intervenções no tratamento sob a forma de gestos de afeto, convidando o analisante a dirigir o tratamento junto ao analista (Roudinesco e Plon, 1998, p. 232–35).

Esquivou-se de Freud ao abandonar a tese da prioridade do pai em prol de uma tese sobre as origens do vínculo arcaico da criança com a mãe. Sua crença antiga na telepatia o acompanhou pela vida profissional, o que também o distanciou das concepções psicanalíticas. Foi contestado por Freud por estas teses, e, isolado em seu trabalho, manifestou graves sintomas paranóicos. Apresentou delírios cujo conteúdo residia na hostilidade que acreditava que Freud nutria por ele. Teve um final de vida trágico em 1933: morreu de uma anemia profunda que fazia jus ao seu abandono à vida (Roudinesco e Plon, 1998, p. 232 a 235).

Em 1927, Ferenczi revelou em seu texto, "O problema do fim da análise", que se surpreendeu com uma situação inédita em sua clínica, que o levou a pensar sobre este tema. Trouxe um fragmento clínico como exemplo, no qual mostrou que, após oito meses de tratamento, percebeu em seu paciente a necessidade de mentir. Isso evidentemente colocou em risco a regra fundamental da psicanálise – que consiste em que o paciente diga, sem reservas, o mais próximo possível da verdade, o que lhe vem à mente –, porém não deixou que ele recuasse diante de tal desafio. De acordo com o autor (1927/1992),

> O que fazer, pois, num caso em que a patologia consiste precisamente na necessidade de mentir? [...] e foi somente a exploração dessa necessidade de mentir que me forneceu a ocasião de compreender certos sintomas do paciente (p. 16).

Ferenczi (1927/1992) deu uma reviravolta nas suas questões sobre o processo de análise para assim fazer considerações sobre o tema do final da análise, que, posteriormente, em 1937, serviram de ponto de retomada e avanço para Freud, no texto "Análise terminável e interminável". Ferenczi constatou vários itens que chamaram sua atenção e que ele considerava importantes para que o analista ficasse atento ao final de um tratamento. Ele esclareceu, por exemplo, que a mentira do paciente deve ser confrontada na análise, pois ela representa a fantasia inconsciente construída ao longo de sua vida. Como grande parte dos sintomas desaparece após essa interpretação, isso o levou a pensar que o desvendamento da fantasia seria o suficiente para a cura. Segundo ele (1927/1992):

> Abandonar verdadeiramente a tendência para mentir apresenta-se, pois, como sendo no mínimo um dos sinais do fim próximo da análise [...] Adquiri a convicção de que nenhum caso de histeria pode ser considerado definitivamente solucionado enquanto a reconstrução, no sentido de uma separação rigorosa do real e da pura fantasia, não estiver consumada. [...] sua análise não pode, portanto, considerar-se terminada, se por fim da análise entendemos também a cura, no sentido profilático. [...] o neurótico não pode ser considerado curado enquanto não renunciar ao prazer do fantasiar inconsciente, ou seja, à mentira inconsciente (p. 16–17).

Ferenczi (1927/1992) não recusa a mentira, ao contrário, localiza-a como posição subjetiva, que requer uma mudança. Lembramos que o sujeito mente como um recurso para evitar um desprazer maior (p. 16). Ferenczi atestou que a associação livre, exigida desde o início do percurso de análise, só se concretiza de fato quando termina a análise, quando o engodo perde a força e a fantasia inconsciente apresenta-se construída (p. 17). A verdadeira associação livre só se consegue ao final de uma análise, quando é possível uma certa liberdade em relação aos impulsos, quando a censura é enfraquecida.

No texto, "O problema do fim da análise", Ferenczi (1927/1992) enfatizou:

> É possível indicar alguns traços comuns das pessoas que levaram uma análise até o fim. A separação muito mais nítida do mundo da fantasia e do mundo da realidade, obtida pela análise, permite adquirir uma liberdade interior quase ilimitada, logo, simultaneamente, um melhor domínio dos atos e decisões, em outras palavras, um controle mais econômico e mais eficaz (p. 19).

Ferenczi (1927/1992) advertiu-nos ainda sobre o tempo em análise, que não é um tempo cronológico, mas um tempo ilimitado, que favorece a "reconstrução" progressiva do sujeito (p. 19). Trouxe como ponto fundamental um fenômeno próprio da análise, denominado *Ducharbeitung*, traduzido do alemão como "perlaboração", que significa o que se processa após um período de repetições e resistências, em que uma nova forma de funcionamento do sujeito pode surgir (p. 20). Ressaltamos que, segundo nota do editor inglês, anteriormente Freud (1914/1980) já teria usado o termo "perlaboração" referindo-se à "inércia psíquica" (p. 203).

Ferenczi (1927/1992, p. 21) salientou a importância da formação do analista, de que este trabalhasse as suas questões pessoais. Segundo ele, no mesmo texto, "considera-se suficiente que o candidato a psicanalista trave conhecimento durante um ano (*sic*), por exemplo, com os principais mecanismos: uma análise supostamente didática" (p. 21).

Continuando sua explanação sobre o final de análise, Ferenczi (1927/1992) trouxe-nos a vivência da castração como ponto para se pensar o término do tratamento. Questão esta retomada por Freud com afinco, e que gerou muitas controvérsias entre os psicanalistas que vieram a seguir. Ferenczi marcou ainda uma diferença para os sujeitos masculino e feminino na experiência da castração no final da análise. Para ele (1927/1992):

> Todo paciente masculino deve chegar a um sentimento de igualdade de direitos em face do médico, indicando assim que superou a angústia da castração; todo doente do sexo feminino, para que se possa considerar que venceu a sua neurose, deve ter vencido o seu complexo de virilidade e ter-se abandonado sem o menor ressentimento às suas potencialidades do pensamento do papel feminino (p. 2).

Ferenczi (1927/1992) postulou que o analista ficasse atento à intenção do paciente de finalizar o tratamento e suspeitasse desse pedido. Interpretou que isso poderia significar que o paciente quisesse salvar sua neurose, manter-se naquilo que o sustentou por algum tempo. Usou o termo esgotamento para se referir a um ponto final da análise, em que se espera que paciente e analista desfaleçam, não tendo mais o que dizer no percurso clínico. Seria esse ponto de desligamento, depois de superados os lutos, a possibilidade para novas aberturas.

Quando nos interrogou sobre o término de uma análise, estaria Ferenczi nos indagando sobre a possibilidade ou impossibilidade de que uma análise não seja interrompida, mas que possa ter um desfecho? Esse desfecho seria o equivalente ao abrandamento das pulsões, ao desaparecimento dos sintomas, à força do eu ou estaria associado ao confronto com a castração? Todas estas questões, que o texto de Ferenczi nos permite postular, foram levantadas por Freud, *a posteriori*, e são de fato, material imprescindível para nosso trabalho.

A questão freudiana: análise terminável e interminável

A análise tem um fim? Quais seriam os indícios de um final de análise ou saídas possíveis de análise para Freud? Quais as resistências que se sobrepõem ao tratamento analítico que dificultariam a finalização de um processo? Recorreremos ao texto "Análise terminável e interminável" (1937/1980), seguindo a trilha freudiana para acompanhar os impasses do autor. Neste texto, escrito em um dos últimos anos da sua vida, Freud apresentou um balanço de sua teoria e testemunhou a necessidade de tornar sua técnica de tratamento verificável, assim como propôs levantar questões relativas aos que se inserem no processo analítico: analista e analisante. Freud retomou a questão formulada por Ferenczi dez anos antes sobre o final de uma análise, em que este acreditava na possibilidade de se encurtar o processo analítico.

Iniciaremos esclarecendo que encontraremos ao longo do livro as palavras "pulsão" e "recalque" e, outras vezes, "instinto" e "repressão", que traduzem os termos alemães, respectivamente *Trieb* e *Verdrängung*. Respeitaremos a proposta do tradutor inglês da Edição Standard Brasileira das Obras Completas de Sigmund

Freud e manteremos os termos "instinto" e "repressão" quando fizermos citações literais da obra de Freud. No desenrolar do texto optamos pelos termos "pulsão" (ao invés de instinto) e "recalque" (ao invés de repressão) por considerá-los, segundo outros tradutores e autores, mais fidedignos à língua alemã, que é a do nosso autor em destaque: Freud. Salientamos o comentário do editor brasileiro Luiz Alberto Hanns (2004), esclarecendo a razão da escolha do termo pulsão: "a escolha recaiu sobre um neologismo oriundo do francês e já usual na psicanálise brasileira, 'pulsão', que, apesar de menos compreensível do que 'instinto' tem a vantagem de remeter foneticamente a algo que 'pulsa' e a 'impulsão" (p. 144).

No texto "Análise terminável e interminável", Freud (1937/1980) relata que ele viveu a experiência sugerida por Ferenczi quando fixou o limite para o término de uma análise com um de seus pacientes, na expectativa de que essa atitude acelerasse o processo de cura. Quando o tempo delimitado para tal se aproximou, o paciente apresentou respostas, finalizou o processo, porém o que foi conferido *a posteriori* é que as respostas foram insatisfatórias. No final proposto, as resistências do paciente definharam, ele foi capaz de reproduzir lembranças que ainda não tinham surgido e descobriu conexões necessárias para a compreensão de sua neurose primitiva e para o domínio da neurose que se apresentava no momento. Finalizado o processo, no tempo proposto, Freud (1937/1980), a princípio, acreditou no sucesso do trabalho, na cura "radical e permanente" (p. 250) do paciente. Anos depois, percebeu que se enganara. O paciente retornou a Viena, ao trabalho analítico, e Freud (1937/1980) pôde constatar que os resíduos transferenciais não tinham sido resolvidos, havia restos a serem trabalhados, e que o tempo, como delimitador de finalização de uma análise, tinha sido em vão.

> Podemos estar seguros de que, embora parte do material se torne acessível sobre a pressão da ameaça, outra parte será retida e, assim, ficará sepultada, por assim dizer, e perdida para nossos esforços terapêuticos, pois, uma vez o analista tenha fixado o limite

> de tempo não pode ampliá-lo; de outro modo, o paciente perderia toda a fé nele (p. 250).

Diante da questão levantada por Ferenczi e experimentada em sua experiência clínica, apresentou-se uma nova indagação: "existe algo que se possa chamar de término de uma análise - há alguma possibilidade de levar uma análise a tal término?" (Freud, 1937/1980, p. 250). Para Freud dois pontos de vista merecem ser observados: o prático e o ambicioso. Do ponto de vista prático, paciente e analista deixam de se encontrar, pois o primeiro não sofre mais de seus sintomas e foi capaz de superar inibições e ansiedades. Do ponto de vista ambicioso, supõe-se um nível de normalidade absoluta, a promoção da estabilidade emocional, o preenchimento das lacunas pela recordação das lembranças da vida do paciente.

O psicanalista salientou que as pulsões são fortes e que os fatores constitucionais e acidentais precisam ser examinados. Ele destacou a posição do analista, reforçou a seriedade e o comprometimento do mesmo com a sua formação e deixou interminável a questão. Quanto aos fatores constitucionais do eu, quanto mais fortes forem, mais eficazmente um trauma conduzirá a uma fixação. Quando a história clínica trouxer um fator mais predominantemente traumático, mais sucesso a análise pode vir a ter, pois o fortalecimento do eu pode ser alcançado. Somente nestes casos, Freud (1937/1980) fala de uma análise "definitivamente terminada" (p. 252). Pontua ainda que "se quisermos atender às exigências mais rigorosas feitas à terapia analítica, nossa estrada não nos conduzirá a um abreviamento de sua duração, nem passará por ele" (p. 255).

As preocupações de Freud ganharam vários desdobramentos. Ele não se limitou a sinalizar para os psicanalistas os pontos a serem observados no desenlace de uma análise. Respondida a questão sobre o tempo relacionado ao término de uma análise, Freud avança com o intuito de conferir a possibilidade de exaurir a doença, ocasionando uma alteração profunda da personalidade do paciente. Para isso, debruça-se sobre a questão da libido.

É sempre muito complexo falar sobre exterminar a neurose, pois são muitos os fatores que nela estão implicados. Comparar resultados em comportamentos de sujeitos que passaram por uma análise e outros que não se submeteram a ela é algo que está presente na história da psicanálise. A radicalidade dessa observação merece ser pontuada.

Com referência ao texto que estamos analisando, de 1937, ligado à questão da libido, ressaltamos que o desenvolvimento desta está ligado a um ultrapassamento de fases inicialmente descritas como se após uma a outra ocupasse seu lugar. Dessa forma, a fase oral original daria lugar a uma fase anal-sádica que, por sua vez, também cederia seu lugar à fase fálico-genital. Hoje sabemos que esse processo de desenvolvimento não acontece assim de forma tão delimitada. As fases se sucedem de forma gradativa, misturadas e o desenvolvimento da libido não pode ser compreendido com um rigor tal que uma fase eliminaria os componentes da anterior. Dessa forma, a fase oral é substituída pela fase anal-sádica, mas não de uma forma completa, ou seja, existem restos que permanecem de uma fase para outra e que deixam resíduos de fixações libidinais. Com a fase anal-sádica em relação à fase fálico-genital o mesmo pode acontecer (Freud, 1937/1980, p. 261).

A organização da libido é, então, vulnerável, compreendendo a importância que cada fase tem na vida de cada sujeito de acordo com suas vivências familiares e particulares. Esses fenômenos ou resíduos que permanecem no sujeito como fixações é que servirão de material para um possível trabalho analítico. Estamos diante de uma possibilidade de tratamento: quando as fixações, pela via transferencial, são trabalhadas numa análise. Por isso, os resultados de uma análise são variáveis, uma vez que a libido de cada sujeito, que está implicada no processo, se desenvolve de uma forma singular. O que deixou sequelas numa determinada etapa de desenvolvimento para um sujeito, não deixou para outro necessariamente.

Freud (1937/1980) dedica um capítulo do referido texto (capítulo III) para o fator intermediário entre os três elementos decisivos considerados na avaliação das possibilidades de uma análise: a influência dos traumas, a força constitucional das pulsões e as alterações do eu (p. 255–263). Já no início dos primeiros parágrafos, Freud apresenta uma questão primordial, que se referia à possibilidade de finalizar, concluir ou mesmo trabalhar uma demanda pulsional. Colocar a pulsão em harmonia com o eu, torná-la acessível a outras tendências e esperar que ela não siga seu caminho independente para a satisfação, pareceu-lhe algo da ordem do impossível. Suspeitou que, sendo uma ação radical, tornava-se inviável. Recorre, então, à Bruxa da Metapsicologia, na tentativa de obter a difícil resposta para tal objetivo: "*So muss denn doch die Hexe dran!*" (Temos de chamar a Feiticeira em nosso auxílio, afinal de contas!) (p. 257).

Andrade (2009) reforça a relevância do texto freudiano de 1937, "Análise terminável e interminável", e afirma:

> Neste texto de 1937, mais uma vez nos deparamos com o trabalho freudiano de indagação, especulação, teorização [...], e escrita da experiência. Ele mesmo aponta a linhagem desse trabalho, ao invocar a feiticeira-metapsicologia, no capítulo III: ou seja, a linhagem da feiticeira, tanto como fundação e invenção quanto tradição e inovação. Como fragmento de um corpus teórico fundador, este texto dá testemunho não só do *work in progress* da doutrina, como também de momentos e movimentos próprios à experiência de uma análise (p. 56).

Freud buscou no "amansamento" (termo usado na tradução inglesa) das pulsões a possibilidade delas serem colocadas em harmonia com o eu, e não mais buscarem seguir seu trajeto independente à procura da satisfação. Consideramos mais adequada a tradução do termo alemão para "amarração" ao invés de amansamento – que sugere apaziguamento e poderia ser interpretado como vinculado à psicologia do ego –, pois o autor faz uma referência à ligação[1] possível da pulsão a uma representação, promovendo um sentido novo, um rearranjo na maneira de viver. Sabendo da complexidade dessa implicação, convoca a metapsicologia, como já foi citado, para auxiliá-lo. Ressaltamos que, em uma nota ao texto de 1937, o tradutor da edição inglesa destaca que o termo *Bändigung* foi usado por Freud em outros lugares de sua obra. No "Projeto para uma psicologia científica", artigo de 1895, a expressão foi utilizada para descrever o processo através do qual as lembranças sofridas deixam de carregar afeto e sofrem a intervenção do eu. No artigo de 1924, "O problema econômico do masoquismo", Freud descreve o *Bändigung* como a ação através da qual a libido pode tornar inócua, branda, a pulsão de morte.

Portugal (2009), ao traduzir o texto freudiano, atenta à fidedignidade da língua alemã, diz:

> Essa ação tão radical seria impossível, e além do mais, não desejável. Em lugar disso, o que é possível é a *Bändigung*, o subjugo, o domínio, que traduzimos por 'amarração'. Seguimos aí a trilha freudiana da *Bindung*, a ligaçao, [...] princípio considerado como primordial em relação ao princípio do prazer. O termo *Bändigung* e o verbo bändigen provêm de *Band*, que quer dizer atadura, faixa, e que tem sua raiz no verbo *binden* (ligar, atar). Isso implica a passagem do processo primário para o secundário, como o próprio Freud acentua no capítulo que ora examinamos, embora não se estenda sobre isso (p. 46).

Ao convocar a Feiticeira para responder à questão relativa à possibilidade de abrandar a pulsão e colocá-la em harmonia com o eu, Freud (1937/1980) "quase" comete um ato falho e destaca seu deslize: "Sem especulação e teorização metapsicológica - quase disse 'fantasiar', não daremos outro passo à frente" (p. 257). No

1 Ligação, *Bindung*, é o termo usado por Freud no texto "Além do Princípio do Prazer" (1920) para propor um princípio de ligação, anterior ao princípio do prazer. O termo alemão *Bändigung*, mesmo contendo o sentido de subjugo, amansamento tem a mesma raiz do verbo *binden*, que significa atar, amarrar.

linguajar corriqueiro, a feiticeira é sempre solicitada quando os recursos possíveis não são suficientes para solucionar o problema, e o seu feitiço é buscado como possibilidade de resolução. Se a metapsicologia engloba várias teorias para abordar as funções e estruturas mentais, e a especulação e teorização sugerem buscar relações, imaginar, deduzir, o termo "fantasiar" se encaixa nesse processo de descobrir respostas para aquilo que estava fora do alcance para Freud. O fantasiar sugere criação, imaginação, arranjos que, quase como uma "poção mágica", dariam solução ou mesmo possibilitariam a criação de um novo conceito ou teoria.

Segundo Portugal (2009):

> Portanto, o apelo à 'feiticeira' não pode ser considerado um fantasiar qualquer. Trata-se mais do valor dado ao método conjectural, de que se cerca a psicanálise, método fundado em hipóteses e suposições que se confirmarão pelos efeitos *a posteriori*. Tal método é o único possível para o trabalho analítico, no qual temos de lidar com a fratura no campo do Outro, com a insuficiência da linguagem para tratar dos restos que insistem (p. 50).

Ainda no mesmo texto, Freud (1937/1980) abordou o tema das pendências ou restos como consequência da força da pulsão, que pode ser acentuada em determinados períodos da vida ou pode ser testemunha das fixações ocorridas anteriormente. Considerando que na história do sujeito prevalecem recalcamentos da primeira infância ou regras de defesas primitivas, estas continuarão a ser utilizadas frente às demandas pulsionais, acrescido a estes recalcamentos o recalque *a posteriori*.

Freud (1937/1980) afirma: "a análise produz um estado que nunca surge espontaneamente no eu e esse estado recentemente criado constitui a diferença essencial entre uma pessoa que foi analisada e outra que não o foi" (p. 259). Segundo ele, todos os recalques se efetuam na primeira infância e são medidas de defesa. Nos anos que se seguem, os antigos recalques permanecem, e o eu se utiliza deles para o domínio das pulsões. Os recalques dependem do poder relativo das forças envolvidas, e não são maiores que a força da pulsão. Dessa forma, o efeito da análise para Freud (p. 260) se limitava a aumentar o poder de resistência ao inibir essa força pulsional e, desta forma, o sujeito suportaria exigências muito maiores do que antes do processo analítico. Ele afirma que: "a análise, contudo, capacita o eu, que atingiu maior maturidade e força, a empreender uma revisão dessas antigas repressões; algumas são identificadas, mas construídas de novo, a partir de material mais sólido" (Freud, 1937/1980, p. 259). O grau de firmeza passa a ser maior que antes da análise, e são mais resistentes à força pulsional.

Freud (1937/1980) assinala que a reivindicação da cura das neuroses tendo como expectativa o controle da pulsão: "está sempre correta na teoria, mas nem sempre na prática, e isso porque ela nem sempre obtém êxito em garantir, em grau suficiente, as fundações sobre as quais um controle da pulsão se baseia" (p. 262). Existe, portanto, uma hiância entre a teoria e o que se observa na clínica.

Portugal (2009) enfatiza: "a análise promove uma revisão desses antigos recalcamentos; alguns são demolidos, outros são reconhecidos, mas novamente construídos com material mais sólido" (p. 250). Esta revisão do processo original, que acontece *a posteriori*, abre, portanto, a possibilidade de se realizar uma análise. O sujeito que suporta passar por essa experiência se capacita a perceber coisas em si mesmo que, de outra maneira, não lhe seriam acessíveis.

Freud (1937/1980), portanto, defendeu que o analisante, no final do processo analítico, pode aceitar e consentir com um modo de satisfação pulsional que até então ele havia rejeitado. Estamos, aqui, diante de uma possibilidade de um final de análise. Ele pode renovar essa rejeição e produzir um novo recalque mais bem sucedido. Isso, porém, não significa que diante de situações novas o recalcado não retorne. Freud (1937/1980) considerou a possibilidade do analisante rever a sua posição em relação à exigência pulsional, e não apenas transformá-la. Assim, para o autor, não haveria uma mudança substancial do sintoma, mas da perspectiva que se tem dele (p. 259).

No mesmo texto, Freud aborda outra posição referente aos mecanismos de defesa que são usados pelos pacientes, que constituem resistências para a finalização do processo analítico e para o restabelecimento do sujeito. As resistências que surgem ao longo do tratamento analítico, e que possibilitam ou impossibilitam sua finalização, são fontes incessantes a serem trabalhadas na análise. Elas podem ser determinadas por fatores hereditários ou podem ser adquiridas em lutas defensivas, que, na clínica, se expressam nos mecanismos de defesa.

Em 1905, a expressão "adesividade da libido" foi usada para falar sobre uma "tendência à fixação", que vinha associada à compulsão à repetição, segundo nota do editor inglês (Freud 1905/1980, p. 307). No artigo de 1937, a "inércia do paciente" foi a expressão escolhida para a explanação do tema. Para Freud (1937/1980) os processos ocorridos no tratamento são morosos, pois os sujeitos "não podem decidir-se a desligar catexias libidinais de um determinado objeto e deslocá-las para outro" (p. 274). O autor se coloca diante de uma interrogação, pois não descobriu a razão específica para esse processo de pouca alteração da catexia libidinal. Nas análises, entretanto, de uma forma geral, é esperada certa dose dessa inércia, que é característica da condição humana. A partir dessa inércia, o sujeito se apresenta como quem não tem força própria, que transporta a força que o outro põe nele. Na linguagem corriqueira: o "empurrão" tantas vezes presente nas relações interpessoais. Dessa forma, na análise, aparece a pulsão de morte de uma forma revestida.

A inércia do paciente é uma das resistências encontradas no percurso de análise. Com essa característica compreendemos que o sujeito se contenta com uma solução incompleta ou pouco satisfatória para a sua neurose. Esclarecemos que os termos "inércia do paciente" e "adesividade da libido" foram usados por Freud anteriormente em outros textos como sinônimos. A resistência que se origina do *id* também se apresenta como uma fonte de resistência. Nas palavras de Freud (1937/1980): "quando o trabalho da análise descerrou novos caminhos para um impulso instintual, quase invariavelmente observamos que o impulso não ingressa neles sem uma hesitação acentuada" (p. 275). O novo paira como perigoso e arriscado.

Freud (1937/1980) recorre ao conceito da física de "entropia", que já usara anteriormente na história clínica do "Homem dos Lobos" (1918/1980), para explicar a resistência presente no processo analítico que gera uma impossibilidade diante do tratamento e, portanto, de sua finalização.

Segundo Houaiss (2001), entropia é "num sistema físico, a medida da energia não disponível para a realização de trabalho; quantidade de energia ou calor que se perde num sistema físico ou termodinâmico quando ocorrem mudanças de um estado a outro desse sistema, donde, tendência ao estado de inércia, degradação" (p. 1169).

A entropia psíquica para Freud (1937/1980, p. 275) é outra fonte de resistência que se refere à força do hábito presente na vida do sujeito. É comum em pessoas mais idosas. O comportamento inédito, alterado, tende a se enfraquecer diante da força e intensidade dos hábitos anteriores que se estabeleceu ao longo da história do indivíduo. Essa entropia é denominada na teoria freudiana de "exaustão da receptividade" (p. 275).

Como vemos, está em jogo no trabalho analítico a força da pulsão de morte, que se manifesta revestida em variados comportamentos dos sujeitos. Discorreremos sobre esse tópico fundamental na obra freudiana, fonte de controvérsias e de debates importantes entre os psicanalistas.

A presença da pulsão de morte é recorrente na vida dos sujeitos. Trabalhar com ela é um desafio no percurso de análise. Ela é uma força constante, incessante, e exige um trabalho na mesma proporção. "Encontramos em Freud a descrição de várias operações em que está em jogo esse trabalho: o trabalho do sonho, o trabalho do luto e, também, na repetição, no sintoma, na fantasia, e o que aí resiste, a pulsão de morte. Em cada ato psíquico, a representação tenta vestir o real" (Dias, L. M., 2009, p. 76).

A pulsão se faz presente e atualizada nas representações que chegam através da linguagem no discurso do analisante. Porém, sempre escapa algo às representações que não são suficientes para torná-las acessíveis. Há uma impossibilidade de nomeá-la, atingi-la, dimensioná-las, decodificá-las. O trabalho na clínica com a pulsão de morte nos coloca diante de uma impossibilidade se pretendemos destruí-la ou dominá-la totalmente, pois isso significaria matar algo que pulsa, que emerge no ser vivo. O possível, sim, num processo analítico, seria alcançar essa infinitude por intermédio de aproximações sucessivas, manejando as representações, viabilizando outros direcionamentos à maneira de viver. O sujeito no final da análise permanece com fragmentos possíveis de organizações ao lado das configurações anteriores. Isso não significa imunizar o analisante de sintomas, pois a pulsão não cessa de retornar. O sujeito não fica livre do sintoma categoricamente, mas pode se libertar da maneira doentia de lidar com ele. A possibilidade, portanto, de finalizar um processo analítico seria criar novos arranjos diante dos excessos da pulsão.

Na linguagem freudiana, lidar com a pulsão significa fazer uma amarração (*Bändigung*), que diz respeito à passagem do processo primário onde o prazer é buscado de forma imediata para o processo secundário onde a satisfação é adiada e traduzida na linguagem.

Para lidar com a pulsão de morte, na teoria lacaniana, surge o objeto *a* no percurso de análise quando o Outro não concede mais respostas satisfatórias ao sujeito e, na fratura desse campo do Outro há espaço para que o excesso da pulsão, aliado às fixações deixadas, possa ser articulado. Os significantes do Outro perdem a relevância e o sujeito passa a responder com seus próprios significantes. O objeto *a*, portanto, é aquilo que sobra, que resta do descolamento que o sujeito faz em relação ao grande Outro.

Se Freud postulou a pulsão como algo vinculado ao destrutivo, Lacan (1959–60/2008), em seu ensino, apresenta-a como vontade de criar, de começar com novos custos, "Vontade de Outra-coisa, na medida em que tudo pode ser posto em causa a partir da função do significante". (p. 254). A partir desta vertente, Lacan aposta na possibilidade do tratamento incidir. Abordaremos a posição de Lacan no capítulo dedicado às suas formalizações.

Depois dessa breve digressão, voltamos a Freud para abordar o conflito entre *Eros* e *Thanatos*, ou seja, entre a pulsão de vida e a pulsão de morte, forças primevas que lutam de forma ampla. Esta luta é outra resistência que se apresenta no trabalho de análise. A força do apego à neurose que produz sofrimento, que gera sentimento de culpa, que busca punição, está marcada pela presença do masoquismo que, por sua vez, tem relação com o supereu. Freud (1937/1980) sublinha: "não mais poderemos aderir à crença de que os eventos mentais são governados exclusivamente pelo desejo de prazer" (p. 276).

A ação concorrente dessas duas pulsões opostas *Eros*/vida e *Thanatos*/destruição constitui um alto investimento nas articulações do trabalho analítico, pois a presença da pulsão de morte é extremamente marcante na vida humana. Ela é um elemento permanente da história do sujeito e pode se manifestar pelo sentimento de culpa, comportamentos agressivos, destrutivos, doenças, traços de repetição presentes no dia a dia e, também, no processo de análise. A tentativa de abrandar a pulsão, pois esta é um elemento tensional de força constante, e de colocá-la em harmonia com o eu para um melhor funcionamento do sujeito é uma possibilidade de término de análise.

Prosseguindo no texto "Análise terminável e interminável", Freud (1937/1980) sublinhou o alto custo da prática da psicanálise e fez advertências aos analistas. Manter a análise pessoal, ou a própria análise, como essencial na formação do analista, de modo que, no processo, é preciso considerar também o papel do analista: "entre os fatores que influenciam as perspectivas do tratamento analítico e se somam às suas dificuldades da mesma maneira que as suas resistências, deve-se levar em conta não apenas a natureza do eu do paciente, mas também a individualidade do analista" (p. 281).

Borges (1988) faz uma importante colocação para nos atentar quanto ao que Freud sinalizou no texto de 1937:

> Assim, para tornar-se psicanalista é necessário praticar, constituir uma prática de psicanálise. Não é suficiente apenas um trabalho com o Texto freudiano e ter feito a sua Própria Psicanálise, é necessário algo mais. É necessário que sejamos capazes de repetir uma psicanálise para um outro. Será na medida em que for havendo uma certa comparação entre estes dois aconteceres – um o da própria análise e outro enquanto psicanalista – é que poderá começar a se constituir um instrumento de trabalho. A diferença de papéis, das funções expervivenciadas é que irá abrindo um caminho para o tornar-se psicanalista (p. 29).

A análise pessoal é uma questão básica para Freud, o fundador da psicanálise. Ele ressalta que o analista deve se submeter à análise de tempos em tempos, enquanto estiver no exercício da profissão. Mostra-nos, assim, que o processo é interminável, que há sempre algo a ser relançado no movimento desejante.

Segundo Freud (1937/1980):

> Todo analista deveria periodicamente – com intervalos de aproximadamente cinco anos – submeter-se mais uma vez à análise, sem se sentir envergonhado por tomar essa medida. Isso significaria, portanto, que não seria apenas a análise terapêutica dos pacientes, mas sua própria análise que se transformaria de tarefa terminável em interminável (p. 283–284).

No final do mesmo texto, trouxe sutis pontuações sobre o confronto com a castração, o que se expressa no repúdio à feminilidade, e que parecia designar "o resto" que perdura e resiste no final da análise. Esse resto, que insiste no registro da castração, denunciado pelo sintoma que persiste e pela resistência à elaboração da transferência, é interpretado como a possibilidade de proteção do sujeito contra a castração. É essencial o confronto com a castração, com a falta, com a incompletude. A impossibilidade de tudo saber coloca o sujeito em movimento. Movimento sem fim. Como estamos vendo, esse confronto é primordial para se falar em possibilidades e impossibilidades na finalização de um processo analítico.

Fica claro, neste texto, que sempre aparecem manifestações residuais no final de um processo analítico. Perguntamo-nos: é possível inativar os restos? Pensamos que esta é a questão que Freud nos deixou como legado nesse último artigo técnico. Na verdade, o resto é o que existe de mais fecundo no sujeito, na experiência humana, pois ele propicia a possibilidade de buscar um mais além.

As coisas que as ciências deixaram de lado, por serem consideradas sem muita importância ou mesmo de pouca valia, são justamente as que a psicanálise se aventura a investigar: os restos, o refugo (Freud, 1916/1980, p. 41). Os pequenos indícios, os vestígios, os materiais opacos que se apresentam na vida diária e na clínica são pistas que a psicanálise tem para perseguir. Suas hipóteses em relação às questões consideradas pequenas ou grandes se transformam em conclusões quando é possível se debater com as coisas que se entrelaçam na vida do sujeito e insistem em vir à tona.

Em 1916, nas Conferências II e III, Freud já se interrogava sobre as parapraxias e a importância delas na investigação do material analítico. O que estaria em jogo nessas falhas do funcionamento psíquico? Rastreando a hipótese de que além dos motivos fisiológicos – fadiga, sono etc. – razões psicofisiológicas – distração da atenção, esquecimento, etc. –estariam em cena, a psicanálise insistiu na observação minuciosa de fatos cotidianos e clínicos. À psicanálise interessa o que emerge no lapso, no erro, na falta. Existe algo que conduz o sujeito a cometer o ato de uma determinada maneira, e não de outra forma qualquer.

Há algo de determinante que escapa como resto. O que sobra, o sem sentido não são fenômenos que acontecem por acaso. São frutos de processos mentais de relevância, que tem uma causa e se originam de uma ação na qual se implicam intenções diferentes e, muitas vezes, contraditórias. O produto de um lapso tem uma significação própria, pois ele é um ato psíquico que persegue um objetivo determinado - proteger, guardar, relatar, revelar - e atende a um desejo. Podemos observar vários exemplos na vida corriqueira, aliados a outros tantos que Freud apresentou ao longo de sua obra.

Os restos que escapolem na análise trazem subentendidos uma intenção encoberta substituem e exprimem alguma coisa que não foi revelada. Dar um sentido novo àquilo que é sem sentido é uma possibilidade de se chegar a um final de análise. À psicanálise interessa aquilo que é 'a mais', o excesso, a dúvida, a sobra. Na clínica, ao apontarmos o lapso para o sujeito que o cometeu, podemos nos deparar com imediata justificativa. O sujeito faz sua correção e, dessa forma, aponta a intenção original a que se serve. Associa a algo que se manteve suspenso, algo desejoso. Segundo Freud (1916/1980) "a intenção que distorce fica estabelecida tão seguramente como aquela que foi distorcida" (p. 65). No embate das palavras, a fala do inconsciente. Isso só é possível porque o sujeito elege de maneira inconsciente os elementos que vão substituir aquilo que lhe perturba e que podem ativar ou reativar seus sintomas. A psicanálise suspeita e dedica-se a um trabalho construtivo que vai além do óbvio e do justificável. Ela busca na interpretação seguir os rastros deixados pelo sujeito, persegue a confirmação baseando-se na hipótese levantada, pois credibiliza o acaso.

Voltando ao confronto com a castração e retomando o texto de 1937, Freud (1980) diz que dominar a questão que traz frustração ao sujeito é extremamente delicado:

> A supercompensação rebelde do homem produz uma das mais fortes resistências transferenciais. Ele se recusa a submeter-se a

> um substituto paterno, ou a sentir-se em débito para com ele por qualquer coisa, e, consequentemente, se recusa a aceitar do médico seu restabelecimento. Nenhuma transferência análoga pode surgir do desejo da mulher por um pênis, mas esse desejo é fonte de irrupções de grave depressão nela, devido à convicção interna de que a análise não lhe será útil e que nada pode ser feito para ajudá-la (p. 286-287).

Compreendemos que para Freud, no final da análise, as mulheres se deparam com a frustração de não ter saído da condição de inveja do pênis e se deprimem. Há um mais além possível ao rochedo da castração? Freud (1937/1980) sugere que esse é o ponto de impasse. O final de análise estaria atrelado a esse confronto, pois o grande rochedo da castração é o pico máximo da primazia fálica. Destacamos que no texto freudiano "A organização genital infantil" (1923/1980) o autor já prioriza a fase fálica: "o que está presente, portanto, não é uma primazia dos órgãos genitais, mas uma primazia do falo" (p. 180) e acrescenta que o significado do complexo de castração só pode ser compreendido se sua origem na fase fálica for levada em consideração (p. 182). A primazia fálica desvela a falta. Falta primordial, irredutível, própria de cada sujeito. A análise, porém, não chega ao seu término sem um resto: resto de angústia, resto de indagação, resto de sintoma. Esta questão freudiana atravessa a obra de Lacan. Falaremos disso no próximo capítulo de uma forma mais aprofundada, onde abordaremos o complexo de Édipo e de castração em Lacan.

O final de análise deve ser pensado no caso a caso, um a um, pois, embora Freud trate das questões técnicas e elementares para o processo, cada analisante debruça-se sobre questões particulares, únicas e opera com recursos próprios. O momento de concluir um processo analítico está relacionado à singularidade de cada sujeito.

Modificada a trama da transferência, o analista é desalojado do lugar de suposto-saber. Encontramos aí um paradoxo na posição do analista: ser suporte no início do processo de um saber para, no final do mesmo, ser deposto, ser destituído desse lugar.

Freud (1937/1980), ao final do texto "Análise terminável e interminável", reafirma a castração como a grande dificuldade para qualquer mudança. Segundo ele:

> Frequentemente temos a impressão de que o desejo de um pênis e o protesto masculino penetraram através de todos os estratos psicológicos e alcançaram o fundo, e que, assim, nossas atividades encontram um fim. Isso é provavelmente verdadeiro, já que, para o campo psíquico, o campo biológico desempenha realmente o papel de fundo subjacente. O repúdio da feminilidade pode ser nada mais do que um fato biológico, uma parte do grande enigma do sexo. Seria difícil dizer se e quando conseguimos êxito em dominar esse fator num tratamento analítico. Só podemos consolar-nos com a certeza de que demos à pessoa analisada todo incentivo possível para reexaminar e alterar sua atitude para com ele (p. 287).

Para se chegar a uma formulação efetiva sobre o final de análise, entretanto, faz-se necessário salientar a castração, o confronto com o grande rochedo, ponto de desafio para Freud e uma questão instigante para Lacan no desenvolvimento de sua teoria.

A Lógica da castração em Freud e Lacan

O Édipo e a castração na teoria freudiana

Freud trouxe grande contribuição para a teoria psicanalítica ao apresentar, em sua obra, o que nomeou complexo de Édipo. Embora não tenha dedicado nenhum escrito específico ao tema, Édipo-Rei e o complexo a ele relacionado são fundamentais em seu trabalho. Segundo Roudinesco e Plon (1998), "sua invenção [do complexo de Édipo] deve-se a Sigmund Freud, que pensou, através do vocábulo *Ödipuskomplex*, num complexo ligado ao personagem de Édipo, criado por Sófocles" (p. 116).

De acordo com Laplanche e Pontalis (1983), o complexo de Édipo é:

> Conjunto organizado de desejos amorosos e hostis que a criança experimenta relativamente aos pais. Sob a sua chamada forma positiva, o complexo apresenta-se como na história de Édipo-Rei: desejo da morte do rival que é a personagem do mesmo sexo e desejo sexual da personagem do sexo oposto. Sob a forma negativa, apresenta-se inversamente: amor pelo progenitor do mesmo sexo e ódio ciumento ao progenitor do sexo oposto. Na realidade, estas duas formas encontram-se em graus diversos na chamada forma completa do complexo de Édipo. Segundo Freud, o complexo de

> Édipo é vivido no seu período máximo entre os três e cinco anos, durante a fase fálica; o seu declínio marca a entrada no período de latência. Conhece na puberdade uma revivescência e é superado com maior ou menor êxito num tipo especial de escolha de objeto (p. 116).

Faremos um breve resumo da tragédia vinda da mitologia grega, pois ela foi fonte de inspiração para Freud nos estudos das relações primárias do sujeito.

De acordo com Roudinesco e Plon (1998), Édipo, na mitologia grega, é filho de Laio e Jocasta. O oráculo de Apolo previra que Laio seria morto por seu filho e, para evitar esse infortúnio, ele o entrega ainda recém-nascido a um criado para que este o abandone no monte Citéron, depois de lhe transpassar os pés com um prego, marcando-os pela cicatriz. O criado, desobedecendo às ordens de Laio, passa a criança a um pastor de ovelhas, que a entrega ao rei de Corinto, Pólibo, e à sua mulher, Merope, pois estes não tinham filhos. O casal dá à criança o nome de Édipo, que significa "pés inchados", e o cria como verdadeiro filho.

Já crescido, Édipo procura Delfos para consultar o oráculo e certificar-se dos rumores que apontavam que seus pais verdadeiros não seriam Pólibo e Merope. No oráculo, Édipo obtém como resposta que ele teria como sina matar o pai e desposar a mãe. Para fugir dessa tenebrosa previsão, Édipo viaja para Tebas e na estrada cruza com Laio, seu pai verdadeiro, e acaba por matá-lo em uma briga. A cidade de Tebas, nessa ocasião, vivia atemorizada pela Esfinge, monstro feminino de asas, que possuía garras e matava todos os que não decifravam o enigma proposto sobre a essência do homem: "quem é aquele que anda sobre quatro pés, depois, sobre dois e, depois, sobre três". Édipo dá a resposta correta – o próprio homem, que quando nasce... – e a Esfinge se mata. Creonte, o regente de Tebas, para presentear Édipo por sua decifração, recompensa-o dando sua irmã Jocasta para desposá-lo. Jocasta e Édipo têm quatro filhos, Eteoclés e Polinices, Antígona e Ismene. O tempo se sucede e a peste e a fome caem sobre Tebas. O oráculo sentencia que isso só cessará quando o assassino de Laio tiver sido expulso da cidade.

Édipo pede às pessoas que se apresentem e manifestem o que sabem. Tirésias, o adivinho cego, se nega a falar. Édipo é informado de seu destino ao saber da morte de Políbo (seu pai adotivo) por um mensageiro de Corinto que lhe revela sua origem. Jocasta, ao se confrontar com a verdade, se enforca. Édipo fura seus próprios olhos e se exila em Colono com Antígona, sua filha, e Creonte retoma o poder.

Embora Freud tenha distinguido um complexo de Édipo positivo e um negativo, Laplanche e Pontalis (1983) afirmam que: "na verdade, verifica-se entre a forma positiva e a forma negativa toda uma série de casos mistos em que essas duas formas coexistem numa relação dialética, e em que o analista procura determinar as diferentes posições adotadas pelo indivíduo na assunção e na resolução do seu Édipo" (p. 117). Para nosso trabalho interessa-nos o desenrolar do complexo de Édipo sob a forma positiva.

Sob uma perspectiva geral, o mestre vienense inicialmente apresentou a ambivalência de sentimentos que acontece na vivência do complexo de Édipo colocando em foco a posição do menino. Entre a criança e o pai haveria, de fato, um fator de rivalidade, mas não apenas esse sentimento exclusivo. Vigorava nessa relação interpessoal componentes homo e hétero sexuais que funcionavam e atuavam na transposição dessa vivência.

Durante algum tempo Freud acreditou que o complexo de Édipo poderia ser transposto da mesma maneira para a menina e para o menino. Rebateu essa questão em fases posteriores e, em 1923, postulou que na fase fálica, na qual o complexo culmina, só um órgão tem prevalência: o falo. Na fase edipiana, haveria um aumento do apego à figura materna, o que é mais evidente na menina, uma vez que, para ela, estaria implicada uma mudança de objeto de amor: da mãe para o pai.

Observamos na clínica o desejo amoroso da criança em relação aos pais sob várias facetas, que se explicitam nas análises das crianças e nos exemplos oriundos do dia a dia infantil. O vestir, o falar, os trejeitos copiados dos progenitores denunciam o olhar de admiração que a criança nutre pelos pais e também a agressividade e competição que permeiam essa relação familiar. Na evolução de sua história, à medida que o universo infantil vai se ampliando, a criança se depara com outros pais, podendo observar neles comportamentos variados, o que a capacita a se interrogar sobre as qualidades antes atribuídas com exclusividade aos seus pais.

Ao debruçar-se sobre sua auto-análise, que se iniciou no verão de 1897, e vivendo simultaneamente o luto pela morte de seu pai, Freud (1950 [1892 -1899]/1980), já no outono do mesmo ano, declarou em uma carta a Fliess inovações relevantes para a psicanálise: o abandono da teoria da sedução (Carta 69, datada de 21 de setembro de 1897), a descoberta do complexo de Édipo (Carta 71, datada de 15 de outubro de 1897) e o reconhecimento gradual da sexualidade infantil como um fato normal e universal (Carta 75, datada de 14 de novembro de 1897).

Na Carta 71, Freud (1950 [1897]/1980) mencionou o personagem Édipo como ponto de partida para se pensar as intrínsecas relações objetais. Marcamos esta carta como o primeiro pronunciamento freudiano referente às grandes tragédias que a mitologia nos traz e que o motivaram a comparar as falas e sentimentos dos personagens com os discursos clínicos que ele testemunhava.

Na carta acima referida, Freud (1950 [1897]/1980) contou a Fliess um importante sonho de sua infância, no qual a presença de sua babá se revelava como um ponto relevante da trama. Freud questionou sua mãe sobre a personagem de seu sonho e fez associações com outros personagens. Assinalou:

> Verifiquei, também no meu caso, a paixão pela mãe e o ciúme do pai, e agora considero isso como um evento universal do início da infância, mesmo que tão precoce como que nas crianças que se tornaram histéricas [....] Mas a lenda grega capta uma compulsão

> que toda pessoa reconhece porque sente sua presença dentro de si mesma. Cada pessoa da plateia foi um dia, em germe ou na fantasia, exatamente um Édipo como esse e cada qual recua, horrorizada, diante da realização de sonho aqui transposta para a realidade, com toda a carga de recalcamento que separa seu estado infantil do seu estado atual (p. 285).

O mito de Édipo e também o texto de Shakespeare, Hamlet, provocaram em Freud a curiosidade, e o incentivaram a estabelecer relações entre essas grandes tragédias e as angústias dos seres humanos escutadas em seu consultório. Freud (1950 [1892–1899]/1980), na mesma carta, nos diz que: "passou-me pela cabeça uma rápida ideia no sentido de saber se a mesma coisa não estaria também no fundo do Hamlet" (p. 285). Embora ele teça em sua obra referências a Hamlet, foi Édipo que se consagrou na história da psicanálise.

Constatamos que Freud mantinha a descrição referente à vivência do complexo de Édipo pela menina e pelo menino como semelhantes até aproximadamente os anos de 1920. Em seu texto de 1900, "A interpretação dos sonhos", que é um de seus mais relevantes escritos, ele postulou:

> Os desejos sexuais de uma criança [...] despertam muito cedo, e [...] a primeira afeição de uma menina é para com seu pai e os primeiros desejos infantis de um menino para com sua mãe. Desta forma, o pai torna-se um rival perturbador para o menino e a mãe para a menina (Freud, 1900/1980, p. 273).

Entretanto, percorrendo o texto freudiano verificamos que em 1905, no texto "Três ensaios sobre a teoria da sexualidade", o autor afirmou que o primeiro objeto sexual do menino e da menina é o seio da mãe, e que, no início, a sexualidade das meninas é de caráter inteiramente masculino. Para Freud (1905/1980):

> No que diz respeito às manifestações autoeróticas e masturbatórias da sexualidade, poderíamos estabelecer que a sexualidade das mocinhas é de caráter inteiramente masculino. Na verdade, se pudéssemos dar uma conotação mais definida aos conceitos de

> 'masculino' e 'feminino', seria até mesmo possível sustentar que a libido é invariavelmente e necessariamente de natureza masculina, ocorra ela em homens ou em mulheres e independente de ser seu objeto um homem ou uma mulher (p. 225–226).

Podemos ressaltar neste ponto duas colocações freudianas: a de que as manifestações da libido são universais, incidindo igualmente em homens e mulheres: e a de que o primeiro objeto de desejo – o seio materno – é o mesmo para ambos os sexos.

A castração, oriunda do complexo de Édipo, marca a entrada da lei e a repercussão desta na vida de cada sujeito, como também o desencadeamento ou não da neurose produzida.

Freud descobriu o complexo de castração, durante a análise do pequeno Hans, quando se debatia com as questões da fobia deste menino de cinco anos. Faremos um breve relato desse importante caso clínico apresentado por Freud (1909/1980), por ter sido um divisor de águas nas hipóteses sobre o complexo da castração.

Hans, como dissemos na introdução, era filho de um musicólogo, frequentador da Sociedade das Quartas-feiras, cuja esposa já havia sido paciente de Freud. O tratamento de Hans foi realizado por seu pai, mas instruído por Freud, que o viu apenas uma vez. Hans era um menino aparentemente normal, inteligente, de boa família, que tinha uma mãe amorosa e um pai presente e interessado no tratamento. Apresentava sintomas fóbicos em relação a um animal: cavalo branco. Hans manifestava um interesse exagerado pelo seu órgão genital, gostava de se exibir e fantasiava brincadeiras eróticas. Temia que seu órgão genital ("pipi") fosse cortado. O nascimento de sua irmã Hanna culminou num ciúme desencadeador de seus sintomas. Segundo Freud (1909/1980), "o grande evento na vida de Hans foi o nascimento de sua irmãzinha Hanna quando ele tinha exatamente três anos e meio" (p. 20). A angústia que a fantasia da masturbação gerava, aliada a um forte desejo pela mãe, e uma agressividade dirigida ao pai, acrescida do ciúme da irmã, eram sintomas perturbadores. A ameaça (verbal) da castração veio da mãe e Hans, dependente dela, tornou-se incapaz de se defender. As frustrações que se seguiram devido à proibição de se tocar e de não ter a mãe para si, adicionadas ao medo gerado pela fantasia da castração, desembocaram num deslocamento do medo da castração para o medo do cavalo. A fobia por cavalos representava a ameaça que ele fantasiava vir do seu pai. A afeição erótica que ele sentia pela mãe fez com que Hans desejasse que seu pai caísse e morresse, como um cavalo que ele presenciou cair. Sentia culpa tanto pela agressividade dirigida ao pai quanto pelo afeto que ao mesmo tempo experimentava pelo mesmo. A angústia de Hans era fruto de um deslocamento do medo de ser castrado para o temor dirigido ao animal. O medo de cavalos gerava uma restrição da liberdade, impedindo o menino de sair de casa que, por outro lado, obtinha seus ganhos secundários: ficava mais próximo da mãe. Durante o tratamento, outros deslocamentos surgiram e Hans tentou afastar os objetos temidos para suportar a angústia. O medo do cavalo surgiu substituindo o medo dirigido ao pai e o processo analítico do menino se desenrola na relação com o pai, tendo Freud como orientador. O pai do menino ouvia as orientações, ou as lia através de cartas trocadas entre eles, e as aplicava em casa. O caso do pequeno Hans lançou luz na teoria freudiana, permitindo uma melhor compreensão do psiquismo infantil e da teoria da sexualidade, tendo como núcleo o complexo de castração.

A angústia que o fóbico apresenta se relaciona com a angústia de aniquilamento que, para o homem, equivale à perda do seu órgão genital. No olhar de Freud, o caso do pequeno Hans foi um tratamento psíquico bem sucedido e, ao pai do menino, Freud (1909/1980) teceu seu agradecimento na introdução do seu caso clínico: "o próprio tratamento foi efetuado pelo pai da criança, sendo a ele que devo meus agradecimentos mais sinceros por me permitir publicar suas observações acerca do caso" (p. 15).

Posteriormente, Freud (1922/1980) se encontrou com Hans, já com dezenove anos, que não se recordava do que lhe ocorreu no período em que foi analisado e, embora "um futuro dos mais negros tinha sido previsto para o pobre menininho, porque lhe tinham 'roubado sua inocência' numa idade tão tenra e ele se tornara vítima de uma psicanálise" (p. 153), o que o psicanalista constatou foi que "nenhuma dessas apreensões tornou-se verdade" (p. 153). Hans tinha passado pela puberdade sem dano significativo, sua vida emocional transcorreu de forma confortável, enfrentou a separação de seus pais e apenas lamentou não viver mais com sua irmã. Vivia sozinho e relatou a Freud que tinha bom relacionamento com os pais. Foi partindo desses relatos que o autor viabilizou o conceito de complexo de castração.

Para Freud, no artigo "A organização genital infantil" (1923/1980), o complexo de castração está relacionado com a primazia do pênis nos dois sexos e a sua significação narcísica é antecipadamente representada. Desde a infância, o pênis (ou o clitóris no caso das meninas) é o objeto erótico de maior valor para a criança e esta parte do corpo se constitui como essencial para a sua representação como sujeito. Tendo origem nesta descoberta da diferença anatômica entre os sexos, a fantasia da castração se apresenta de variadas formas: o objeto ameaçado pode ser deslocado, a integridade psíquica e corporal abaladas e o pai pode ser encontrado nos mais variados substitutos (p. 182).

O complexo de castração pode ser reconhecido na clínica através dos efeitos produzidos na vida dos sujeitos: inveja do pênis, sentimento de inferioridade, tabus relacionados à sexualidade etc. Na teoria freudiana o complexo de castração ocupa um lugar central na compreensão do desenvolvimento da sexualidade infantil dos dois sexos. Está associado ao complexo de Édipo e à fase fálica do desenvolvimento libidinal.

O mencionado complexo apresenta duas características básicas: num primeiro momento esclarece que o falo tem nesta fase uma relevância semelhante para todas as crianças (independente do sexo). Ter ou não ter o falo é o que está invariavelmente em questão. Num segundo momento tem seu ponto de colisão no narcisismo: por ser o falo considerado pela criança uma parte imprescindível de sua imagem corporal, a ameaça à sua mutilação põe em risco essa imagem e a fere narcisicamente – ferida narcísica.

Segundo Freud (1923/1980), a criança tem a crença de que algumas mulheres perderam seus órgãos genitais: estas seriam as mulheres desprezíveis, que o perderam porque eram culpadas de "impulsos inadmissíveis". As mulheres merecedoras de seu respeito, como sua mãe, reteriam o pênis por longo tempo (p. 183).

Para o menino, o agente da castração é o pai, que representa a autoridade. Desse modo, a autoridade ou é recebida através do pai, ou pode vir pronunciada por outras pessoas: tios, avós, primos, ajudantes etc. Para a menina, o agente da castração não é tão claro, pois ela se sente privada do pênis pela mãe (que não o dá) muito mais do que castrada pelo pai.

No que diz respeito às relações entre o complexo de Édipo e o complexo de castração, há uma diferença quanto aos dois sexos: para a menina, a castração abre caminho para uma busca que a conduzirá a desejar o pênis paterno, e, dessa forma ela entra no complexo de Édipo indo atrás daquilo que não possui, para o menino, o complexo de castração delimita a fase final do complexo de Édipo, pois interdita a mãe por ter que renunciar a ela. A angústia que esse reconhecimento gera, abre para ele o período de latência e desenvolve a formação do supereu. Podemos dizer que a menina vive um complexo de castração e o menino uma ameaça ou angústia de castração.

De acordo com Laplanche e Pontalis (1983), várias elaborações teóricas surgiram em relação ao complexo de castração, vindas dos contemporâneos de Freud. Elas se baseavam na seguinte questão: como poderia a menina se sentir ameaçada de ser castrada de algo que ela não possui? Tais elaborações teóricas apontaram em várias direções: a relação da angústia de castração com as experiências traumáticas de perda, desmame, defecação e a própria experiência do parto. Essas são as equivalências simbólicas que a psicanálise aponta entre os objetos parciais: pênis, seio, fezes. Assim como o pênis é reconhecido como uma parte destacável do corpo, as fezes são reconhecidas equivalentemente como uma parte do corpo renunciada ao ser expelida (Laplanche e Pontalis, 1983, p.113).

Segundo Freud (1923/1980), no estádio da organização pré-genital não existe a questão do masculino e do feminino. É somente no estádio seguinte que a questão se coloca e a antítese que se apresenta aqui é entre ser possuidor de um órgão genital masculino e ser castrado. Esse texto nos faz pensar em Freud descrevendo a mulher não como submissa, mas como hospitaleira, no sentido de que recebe o pênis. Freud assinalou que a vagina agora é valorizada como lugar de abrigo para o pênis (p. 184).

Em 1924, no texto "A dissolução do complexo de Édipo", Freud ampliou seus trabalhos sobre a sexualidade feminina e enfatizou, pela primeira vez, a diferença no desenvolvimento da sexualidade em meninos e meninas. Segundo ele, após a primeira infância, o complexo de Édipo, que é o fenômeno central dessa fase, passa por seu declínio. Ele é dominado pelo recalque e seguido pelo período de latência. O autor acrescentou, ainda, que inicialmente o clitóris na menina comporta-se como um pênis, e que é nas brincadeiras infantis que ela se percebe diferente do menino. Nesse reconhecimento sente-se mutilada, injustiçada, e isso fundamenta a sua inferioridade. Assim, a menina aceita a castração como um fato consumado e o menino sente-se temeroso pela possibilidade de que lhe ocorra o mesmo.

Neste mesmo texto, ele afirma que o complexo de Édipo na menina é mais simples que no menino, e que ele se resume em ela assumir o lugar da mãe e também em adotar uma atitude feminina para com o pai. O autor prossegue: "os dois desejos – possuir um pênis e um filho – permanecem fortemente catexizados no inconsciente e ajudam a preparar a criatura do sexo feminino para seu papel posterior" (p. 223–224). Para Freud, portanto, o complexo de Édipo na menina sofre destino diferente do que no menino. Ela renuncia ao pênis, porém de uma forma compensatória: desliza do pênis para o bebê. Seu complexo comporta o desejo de receber do pai um bebê, como uma dádiva, o que significaria dar-lhe um filho. Sendo impossível a realização desse desejo, espera-se que o complexo de Édipo seja abandonado de forma gradativa.

Voltando à questão do tema do final de análise, destacamos: ao sinalizar essa vivência diferenciada para a menina estaria Freud apontando um encaminhamento da análise de forma diferente? O final de análise para a mulher teria um desdobramento diferenciado?

Podemos nos perguntar antes o que provoca o declínio do complexo de Édipo. O pai da psicanálise nos indicou que as experiências penosas de desapontamentos vividos pela criança se apresentavam nas análises como fontes desse declínio. Para a menina, que percebe que seu pai não a ama acima de tudo e com exclusividade, como acreditou um dia, mas que tem esse amor dividido, e, para o menino, que não tem a mãe como sua propriedade, mas a vê distribuindo afeto, seja com a chegada dos irmãos, como também com o pai, a decepção que se segue a essas conclusões responde à nossa questão. Freud (1924/1980) acrescentou que o complexo de Édipo segue o curso "natural" de seu declínio, assim como os dentes de leite caem para dar lugar aos permanentes (p. 218). Sinaliza que esse fenômeno é estabelecido e determinado pela hereditariedade, embora seja vivido pelo sujeito como uma experiência individual.

Quando o menino se volta para os seus órgãos genitais percebe sua excitação e os manipula. Descobre que esse comportamento não é aprovado pelos adultos. Sente-se ameaçado de que essa parte do seu corpo lhe seja tirada. Quando um menino vê pela primeira vez a região genital de uma menina não demonstra interesse; não vê nada ou rejeita. Somente mais tarde, quando vivencia uma ameaça de castração, relembra o que já viu, e é despertado por uma emoção que o força a acreditar na realidade de uma possível ameaça que até então não o incomodara. Essas circunstâncias determinarão as permanentes relações do menino com as meninas: horror da criatura mutilada ou desprezo por elas.

Desfecho que se manifestará de forma um pouco diferenciada no futuro. Freud (1924/1980) acrescenta: "é minha opinião ser essa ameaça de castração o que ocasiona a destruição da organização genital fálica da criança" (p. 219). Também a visão dos órgãos genitais femininos, castrados, acarreta no menino o receio do mesmo destino. Portanto, no menino, o declínio do complexo de Édipo é ocasionado pela ameaça da castração.

De acordo com a teoria freudiana, como já assinalamos, o complexo de Édipo em relação à menina tem um desfecho mais fácil. Em ambos os casos, a mãe é o objeto primordial e original e apenas os meninos retêm esse objeto no citado complexo. A descoberta da área genital, diferentemente nas meninas, ocorre em algum momento de seu desenvolvimento, que pode ser no brincar com os meninos, na observação de seu próprio corpo ou no de seus progenitores. Ao notarem o pênis nos meninos, elas imediatamente o identificam como o correlato superior de seu pequeno órgão. A partir desse momento, iniciam a vivência de inveja do pênis. O sexo feminino experencia o complexo, avança no desenvolvimento do supereu e vive em seguida um período de latência. A parte do seu corpo que a menina toma como se fosse um pênis é o clitóris, seu correspondente, e essa comparação com os órgãos sexuais masculinos faz com que sua decisão ocorra instantaneamente. Nas palavras de Freud (1925/1980), "ela o viu, sabe que não o tem e quer tê-lo" (p. 314). Podemos, portanto, atribuir ao sexo feminino uma organização fálica e um complexo de castração.

Em 1925, em "Algumas consequências psíquicas da distinção anatômica entre os sexos", Freud fez contribuições sobre o declínio do complexo de Édipo e avançou na diferenciação entre meninas e meninos relativa à experiência da castração. Afirma que aquilo que foi denominado de complexo de masculinidade das mulheres pode ser a causa de muitas dificuldades no caminho regular de seu desenvolvimento para a feminilidade, se não for superado cedo. A ilusão de um dia obter um pênis e tornar-se dessa forma semelhante a um homem pode persistir até uma idade tardia e transformar-se em ações estranhas, no dizer freudiano (p. 314). Pode também estabelecer um processo chamado de rejeição, que na vida adulta significaria o início de uma psicose. Dessa forma, uma menina pode permanecer na recusa de ser castrada, enrijecer-se na convicção de possuir de fato um pênis e, assim, ser compelida a comportar-se como se fosse homem. A mulher, ao se dar conta da ferida de seu narcisismo – é faltosa – desenvolve, como uma cicatriz, um sentimento de inferioridade. Inicialmente tenta explicar sua falta de pênis como uma punição pessoal a si mesma: a seguir, compreende que esse caráter é universal – todas mulheres não têm pênis e não somente ela –, e compartilha em seguida o desprezo que os homens sentem por um sexo que é inferior e, sob esse ângulo, insiste em ser como um homem. Segundo Freud (1925/1980), mesmo após a inveja do pênis ter abandonado seu verdadeiro objeto, ela permanece existindo no traço do ciúme. Isso acontece em função de um mecanismo chamado de deslocamento. Freud postula que, embora o ciúme não seja exclusivo do sexo feminino, ele desempenha nas mulheres um papel muito maior em sua vida mental do que na dos homens. Isso é atribuído ao fato de ser reforçado por parte da inveja deslocada. Esse ciúme favorece um afrouxamento da relação afetuosa da menina para com a mãe (p. 315–316).

Freud ainda neste texto de 1925 se pergunta: "como ocorre, então, que as meninas o abandonem (o objeto mãe) e, ao invés, tomem o pai como objeto?" (p. 312). A menina, como já explicado, toma a sua decisão instantaneamente, recebe essa constatação como uma fatalidade. O reconhecimento da distinção anatômica entre os sexos estimula-a a afastar-se da masculinidade, pois sabe que não pode competir, e busca novas linhas que a conduzam ao desenvolvimento da feminilidade. A libido da menina desliza para uma nova posição: da equação pênis-criança. A menina abandona seu desejo de um pênis, e em seu lugar coloca o desejo de um filho. Dessa forma, toma o pai como objeto de amor. A mãe se torna objeto de seu ciúme. A menina transforma-se em uma pequena mulher. Pode, entretanto, acontecer que a menina se identifique com o pai, retorne a seu complexo de masculinidade e permaneça fixada nele.

Nas meninas, segundo constatações freudianas (1925/1980) o complexo de Édipo é uma formação secundária (p. 318). O complexo de castração é precedente e preparatório ao seu desenrolar. O complexo de castração opera inibindo a masculinidade e incentivando a feminilidade (p. 318–319).

Se nos meninos a castração foi uma ameaça, nas meninas ela foi uma execução. O complexo não é inibido ou reprimido, ele é literalmente feito em pedaços (Freud, 1925/1980, p. 319) pelo choque que a ameaça de castração produz. Suas catexias libidinais são abandonadas, em parte sublimadas; seus objetos são incorporados ao ego, formando o núcleo do superego. Nos casos ideais, o complexo de Édipo não existe mais: o superego tornou-se seu herdeiro.

O autor ainda assinalou: "sabemos menos sobre a vida sexual das meninas que sobre a dos meninos. Mas não precisamos nos envergonhar dessa distinção; afinal de contas, a vida sexual das mulheres adultas constitui um 'continente obscuro' para a psicologia" (p. 304).

Segundo Ernest Jones (1961), biógrafo de Freud:

> Há pouca dúvida de que Freud achava a psicologia da mulher mais enigmática do que a do homem. Certa vez disse a Marie Bonaparte: "a grande questão, que nunca encontrou explicação e a qual ainda não consegui deslindar, a despeito dos meus trinta anos de pesquisas da alma feminina, é esta: "que quer a mulher?"

Freud (1925/1980), mesmo pontuando a questão da vivência sexual das meninas como enigmática, postula que é preciso compreender a razão para a demolição do complexo de Édipo nelas. Ele pode ser abandonado lentamente, ou seus efeitos podem persistir na vida mental normal quando adultas.

No texto "Sexualidade feminina", de 1931, Freud afirma que antes subestimara a fase pré-genital nas meninas. A partir dessa data retomou suas considerações e deu valor ao tema. Para a menina o primeiro objeto amoroso (tal como o do menino) é a mãe. A menina, ao longo de seu desenvolvimento sexual, tem primeiramente a tarefa de abandonar o clitóris – sua principal zona erógena – em favor de outra: a vagina. Também caberia à mulher, em seu desenvolvimento sexual, trocar seu objeto original – a mãe – pelo pai. Trocando em miúdos, ao final do desenvolvimento libidinal da menina, seu pai – um homem – deveria ter se tornado seu novo objeto amoroso. Freud compreendia que a forma como essas duas tarefas estão vinculadas ainda lhe era obscura. O autor disse que já havia abandonado a expectativa que inicialmente nutria quanto a um paralelismo evidente entre o desenvolvimento sexual feminino e masculino.

Consideramos importante a seguinte citação de Freud (1931/1980) referente à mulher:

> Inteiramente diferentes são os efeitos do complexo de castração na mulher. Ela reconhece o fato de sua castração, e, com ele, também a superioridade do homem e sua própria inferioridade, mas se rebela contra esse estado de coisas indesejáveis. Dessa atitude dividida, abrem-se três linhas de desenvolvimento. A primeira leva a uma revulsão geral à sexualidade. A menina, assustada pela comparação com os meninos, cresce insatisfeita com seu clitóris, abandona sua atividade fálica e, com ela, sua sexualidade em geral. [...] A segunda linha a leva a se aferrar com desafiadora auto-afirmatividade à sua masculinidade ameaçada. [...] Esse "complexo de masculinidade" nas mulheres pode também resultar numa escolha de objeto homossexual manifesta. Só se seu desenvolvimento seguir o terceiro caminho, muito indireto, ela atingirá a atitude feminina normal final, em que toma o pai como objeto, encontrando assim o caminho para a forma feminina no complexo de Édipo. Assim, nas mulheres, o complexo de Édipo constitui o resultado final de um desenvolvimento bastante demorado. Ele não é destruído, mas criado pela influência da castração (p. 264).

Podemos concluir que, para o fundador da psicanálise a fase pré-edipiana, na qual a criança tem uma ligação exclusiva com a mãe, tem uma importância maior para o desenvolvimento sexual das meninas do que para os meninos. No final dessa primeira fase de ligação à mãe, surge na menina a censura em relação à sua genitora, por considerá-la culpada por não ter lhe dado um pênis, ou melhor, por tê-la trazido ao mundo como mulher. A ligação da menina com a mãe fica destinada a se enfraquecer em função da decepção experimentada. A menina fica, assim, com raiva da mãe por esta não ter lhe dado um pênis, seja porque não o tem, seja porque ainda vai dar-lhe.

No texto de 1937, "Análise terminável e interminável", Freud tematizou a questão do feminino. Algumas formulações nortearam o encaminhamento do destino do complexo de Édipo nas meninas, de modo que percebemos que o estatuto de perda está em jogo na castração. Pensamos que a questão da castração na mulher, sob o olhar de Freud, sinaliza um problema de resistência que deve sua força à natureza do desejo que aí se coloca: o desejo de um pênis. As transformações possíveis nesse percurso traçado em direção a uma posição propriamente feminina encontram justificativa se pensarmos na especificidade, para a menina, da descoberta da diferença anatômica entre os sexos. Isso a referencia como faltosa, portadora de uma ausência. É marcada neste ponto, para ela, a entrada na fase fálica, com a vivência psíquica de uma perda radical.

Se, por um lado, as exigências edipianas da menina são consequências de uma experiência de perda, por outro lado, é a sua negação o que a impulsionará em direção a uma posição feminina "normal". O que está em jogo é a questão ambígua dessa perda e o desvio de investimento pulsional que a ela se segue: a substituição do objeto materno pelo paterno.

No texto "Análise terminável e interminável" (1937/1980), no capítulo VIII, crucial para a compreensão do complexo de Édipo e da castração, Freud fez um balanço da sua teoria, diferenciando a vivência da castração para homens e mulheres. Afirmou que o complexo de castração não ocupava a mesma posição em ambos os sexos. A fase fálica marca para a menina o esforço de ocupar a posição masculina, antes que o desenvolvimento para a feminilidade tenha se estabelecido (p. 285).

Diz ainda que a menina não só ascende ao pai, mas se reconhece como mulher, ao custo de permanecer negando a castração. Ou seja, só através desse desvio de atribuição da posse do pênis, direcionado ao pai, é que a menina conseguirá manter seu desejo: de ter um pênis. A teoria da castração nos revela a permanência intensa na menina de um desejo pré-edípico, ligado às exigências do amor infantil, que age por trás das dificuldades na análise, no confronto com a castração. É um trabalho de desinvestimento, ou melhor, de desligamento pulsional (p. 286-287). Condiciona, então, a superação do complexo da castração na menina à perda de um ideal masculino: desinvestimento pulsional desse desejo do pênis. Podemos falar, assim, de um luto do falo.

Freud fez sucessivas referências que marcaram o seu discurso sobre a mulher: enigmática, misteriosa, indecifrável, dissimuladora. A angústia que a castração produz paralisaria a mulher? Esse rochedo é de fato intransponível? Resta esta questão sobre o feminino, expressa no final de seu artigo de 1937. O repúdio da feminilidade, parte do grande enigma do sexo, não permite uma formalização precisa da eficácia do tratamento (p. 287). O que o autor acredita é que a análise possibilite a atitude reexaminada diante desta questão de impasse.

André (1998), em seu livro "O que quer uma mulher?", faz comparações entre o ensino de Freud e de Lacan no tocante à feminilidade e à vivência da castração. Interroga-nos: "a psicanálise nos permite precisar um anseio que seja especificamente feminino? Existiria um voto cujo objeto seria de uma fixidez inabalável para toda mulher?" (p. 17).

Ao fazer um apanhado panorâmico do complexo de Édipo e do complexo de castração na obra de Freud, buscamos apontar as luzes e as lacunas que ele nos deixou e prosseguir neste estudo, tendo como meta o tema "final de análise", com suas articulações, possibilidades e impossibilidades. Compete-nos agora, após examinar o tema da castração no itinerário freudiano - pois aí está o rochedo intransponível -, tecer algumas articulações que nos parecem necessárias. A teoria da sexualidade feminina na obra freudiana seguiu um trajeto que pode ser dividido em três tempos específicos, de acordo com suas elaborações teóricas.

No primeiro momento, Freud fala sobre a castração biológica e psíquica da mulher e a sua consequência para a feminilidade. Ele fez, neste ponto, uma comparação entre a sexualidade masculina e a feminina, e qualificou a última como tendente à inferiorização. Sabemos que temos aí um ser desprovido de pênis. Lembramos que no tocante à feminilidade e à virilidade a questão biológica é muda, ela nada nos diz, pois a anatomia é inquestionável, ela permanece independente das escolhas objetais. Acrescentamos que o autor coloca um grifo na relação estabelecida entre masculinidade e atividade (voz ativa: penetrar) e entre feminilidade e passividade (voz passiva: ser penetrada).

No segundo momento, ele nos mostrou a relevância e o destino da castração (simbólica) na forma como o psiquismo se estrutura, e fez um questionamento sobre o "tornar-se mulher". Sabemos que neste momento o que ele nos pontua é a primazia do falo na organização pré-genital da libido. Perguntamos se, para Freud, é somente quando a menina recalca a sexualidade clitoriana que surge a possibilidade de tornar-se mulher? Pontuamos que nesse momento a menina ainda quer possuir um pênis.

No terceiro momento, ele trouxe-nos o rochedo da castração como barreira impossível de transpor. Surge então a questão: Freud pontua aí um final de análise, um ponto de basta, de limite, diante da constatação de uma falta? O confronto com o grande rochedo seria um ponto de impossibilidade de um final de análise?

Segundo André (1998):

> Freud fez da inveja do pênis o rochedo incontornável no fim da análise das mulheres. A ideia à qual o leva a teoria da castração, em 1937, é da ordem de um impasse: do lado dos homens, a análise iria esbarrar, em última instância, num temor (a ameaça da castração) e, do lado das mulheres, numa inveja (a inveja do pênis). [...] A problemática da inveja feminina - deliciosamente feminina, escreve Freud - do pênis deve ser demarcada, na obra freudiana, como a de uma tentativa de apreender a chave de um desejo único, permitindo reunir as mulheres num conjunto (p. 17).

Sabemos que a identidade dos sujeitos - homens e mulheres - vai além da diferença anatômica, entendendo que a anatomia é e permanece inalterável. A identidade pressupõe um processo de complexas identificações em que vigoram as instâncias do eu: Eu-ideal, Ideal do eu e supereu. A identidade sexual humana, assim como a subjetividade, só se constitui e se estabelece regida pelo trabalho estruturante da Lei do Pai2 e a partir da vivência das primeiras identificações.

O percurso no mito de Édipo nos provoca com várias questões. Na teoria freudiana, serviu de ponto de partida para temas polêmicos e pontuais, como a castração, a sexualidade e o desejo, que servem de bússola para este estudo. Na encruzilhada do Édipo, a lei apresenta uma face dupla: ao mesmo tempo em que ela interdita o gozo absoluto (o incesto), ela ordena, estrutura, abrindo vias ao gozo regrado (gozo fálico). A lei vem colocar limites ao desejo sem medida. A castração, ao mesmo tempo em que é corte, punição, é possibilidade de realização humana.

A castração é, portanto, o nome que damos à experiência do confronto com a falta no Outro, conforme a premissa lacaniana. O sujeito castrado é aquele que se rende diante da falta no Outro, perdendo a ilusão de garantia e de completude. A castração faz referência a uma falta que decorre de uma perda primordial. Isso

2 Lei do Pai: lei simbólica, cujo operador é a função do pai, que intervém produzindo efeitos na estrutura do sujeito, possibilitando e regulando as relações sociais. Lei fundante, que interdita o desejo pela mãe.

faz com que o sujeito deseje, e, via demanda, coloque a estrutura em movimento.

Freud elabora, portanto, a incurabilidade da fenda do sujeito, fenda que não se fecha: sujeito dividido frente à realidade da castração. A proposta de Lacan é transformar a impotência em impossibilidade. Esta concepção está na origem da releitura que Lacan fará do texto freudiano.

O Édipo e a castração na teoria lacaniana

Devemos a Jacques Lacan a formalização de conceitos freudianos, assim como o acréscimo ao *corpus* psicanalítico de teorias próprias. Sua escrita traz a marca do barroco: sofisticada, rebuscada, até mesmo de difícil compreensão. Seus textos muitas vezes foram publicados com a ajuda de terceiros, pois o próprio Lacan (Roudinesco e Plon, 1998. p. 445) reconhecia suas inibições com a escrita. Sua clínica foi marcada por inovações que foram alvo constante de críticas. Ao mesmo tempo, recebeu a admiração de intelectuais e estudantes, interessados pela psicanálise, que colaboravam para seus estudos e suas especulações.

A história nos conta que, em junho de 1932, Lacan iniciou sua análise didática com Loewenstein e, neste mesmo ano, publicou sua tese sobre Marguerite Anzieu, uma mulher criminosa que se tornou referência em sua obra por se tratar de um caso de paranóia (o caso Aimée). Lacan marca desde então a sua posição no tocante ao estudo da "loucura feminina". Em 1933, escreveu um artigo para a revista *Le Minotaure* referente ao crime cometido pelas domésticas (as irmãs Papin) contra suas patroas, assunto que teve repercussão por todo o mundo. Ele sublinha neste texto um delírio a dois apontando para a homossexualidade que apontava uma realidade inconsciente desconhecida (Roudinesco e Plon, 1998, p. 446).

O percurso de Lacan nos interessa naquilo em que ele se arriscou a tomar o desafio freudiano ao pé da letra: o confronto com a castração e a posição feminina do sujeito. Ele retoma o complexo de Édipo e, segundo Kaufmann (1996) "desde 1938, Lacan sublinhou a degradação do papel do pai e de sua imagem na família e na sociedade" (p. 141). Enfatizamos o período crítico da história ocidental, pós-guerra, que gerou em Lacan uma busca pela reavaliação da função do pai, estremecida diante de um mundo enfraquecido. Foi na perspectiva de avaliar a questão do excesso do materno no contexto social, político e familiar e, ainda, para resgatar do texto freudiano o rigor, encoberto na época pelos pró-freudianos, que Lacan operou o seu retorno a Freud.

Especificamente sobre o complexo de Édipo e de castração vamos seguir as formalizações de Lacan, iniciando pelo Nome-do-Pai, a significação do falo e as relações imaginário/simbólico, ponto em que se destaca a fala articulada. Esta sequência situa a questão da castração em um lugar proeminente na estrutura do desejo, e não apenas como um impasse para o final de análise, como se poderia supor de acordo com a premissa freudiana do texto de 1937: "Análise terminável e interminável".

De acordo com Roudinesco e Plon (1999), a expressão "nome do pai" (com letra minúscula e sem hífen) é um termo criado por Lacan para designar o significante da função paterna (p. 541). Essa função foi designada consecutivamente como "função do pai", depois como "função do pai simbólico" e, posteriormente, como "metáfora paterna". Somente mais tarde, em 1956, ele conceituou a função em si, grafando-a como Nome-do-Pai (p. 542). "A sociedade humana é dominada pelo primado da linguagem, o que significa que a função paterna não é outra coisa senão o exercício de uma nomeação que permite à criança adquirir sua identidade" (p. 542).

Além disso, o Nome-do-Pai especifica a prevalência da castração, na qual o desejo da criança encontra a lei do desejo do Outro. O Nome-do-Pai está relacionado à função do pai estritamente ligada à enunciação da lei.

O Nome-do-Pai é um significante essencial na história do sujeito, pois é nele que o desejo se sustenta, na medida em que este produz uma hiância na relação entre a mãe e a criança. Lembramos que Lacan buscou em Ferdinand Saussure, filósofo e linguista suíço, considerações teóricas que permitiram desenvolver os conceitos de signo e significante utilizados ao longo de seu ensino. Na falta produzida nesta inter-relação, o desejo pode emergir. Segundo Lacan (1957–1958/1999), o desejo encontra o Outro "como tesouro do significante, como sede do código" (p. 154), pois é o Outro que abriga, ordena e promove a sua significação. A passagem do desejo pela cadeia significante produz uma alteração radical na dialética do desejo.

Na constituição do sujeito o fundamental é que ele tenha tido a dimensão do Nome-do-Pai, seja quem for que tenha ocupado na sua história este lugar – o próprio pai, o avô, o tio, a avó ou mesmo a mãe biológica –, e a maneira como o sujeito se serve disso. A história de cada um depende da maneira como o Nome-do-Pai se dimensiona, produz efeitos e passa a interferir de forma particularizada.

De acordo com Lacan (1957–58/1999), "a função do pai tem seu lugar, um lugar bastante grande, na história da análise. Está no centro da questão do Édipo e é aí que vocês a veem presentificada" (p. 166-167). Ao questionar o que é o pai, Lacan afirma que o que interessa à psicanálise, é saber o que ele é no complexo de Édipo. O pai que opera no momento do Édipo é o pai simbólico; o pai é uma metáfora: "o pai é um significante que substitui um outro significante. Nisso está o pilar essencial, o pilar único da intervenção do pai no complexo de Édipo" (p. 180).

É a palavra que funda a história do sujeito e o desejo deste vai depender do Outro como portador de sua fala. O sujeito articula as palavras relacionando-as entre si, particularizando a sua mensagem, dando ênfase ao significante. Do campo do Outro, virá um segundo significante articulando o desejo que o sujeito deixa escapar. Considerando que a fala é material e instrumento utilizado pela psicanálise, e que é através dela que se tem acesso ao inconsciente, as figuras de linguagem se destacam no discurso clínico.

Faremos uma breve diferenciação dos tropos de linguagem – metáfora e metonímia – utilizados no discurso do sujeito e que compõem o estudo lacaniano, a partir da obra de Roman Jakobson, pensador e linguista russo, pioneiro na análise estrutural da linguagem. Destacaremos a metáfora, pois ela está no cerne do conceito de metáfora paterna que aqui se coloca como questão importante na abordagem deste tema. Segundo Lacan (1957–58/1999) a letra é o "suporte material que o discurso concreto toma emprestado da linguagem" (p. 498); linguagem esta que preexiste à entrada do sujeito num determinado ponto de seu desenvolvimento mental. O sujeito, submetido à linguagem, inscrita desde o ato de seu nascimento (pelo recebimento do nome próprio), ordena-se na cultura e na sociedade. Através dela, na análise, os significantes privilegiados do sujeito se manifestam e permitem o acesso ao inconsciente. A forma como o sujeito se utiliza desta linguagem é o que marca a singularidade de cada um. Por isso, os tropos de linguagem, a metonímia e a metáfora, fornecem material pródigo à interpretação psicanalítica.

A metonímia, segundo Houaiss (2001), é: "uma figura de retórica que consiste no uso de uma palavra fora do seu conceito semântico normal, por ter uma significação que tenha relação objetiva, de contiguidade, material ou conceitual, com o conteúdo ou o referente ocasionalmente pensado" (p. 1911). Para Lacan, no artigo "A instância da letra no inconsciente ou a razão desde Freud" (1957/1980), metonímia "é a conexão do significante com o significante que permite a elisão mediante a qual o significante instala a falta do ser na relação de objeto, servindo-se do valor de envio da significação para investi-la com o desejo visando essa falta que a sustenta" (p. 519). A metonímia difere da metáfora por não se tratar de uma comparação entre significantes. Ela é importante no discurso clínico, em que o lançamento do desejo, através dos deslizamentos da associação livre, pode se manifestar.

O conceito de metáfora na teorização lacaniana, buscado na linguística, vem designar, segundo Houaiss (2001): "um objeto ou qualidade mediante uma palavra que designa outro objeto ou qualidade que tem com o primeiro uma relação de semelhança" (p. 1907). Na psicanálise, interessa a substituição que se efetiva, de forma inconsciente, nas relações de paternidade e maternidade em que aquilo que está em jogo é a organização do sujeito. Retomemos as elaborações sobre a metáfora paterna.

A metáfora paterna está relacionada à função do pai e esta, ressaltamos, substitui a mãe, primeiro significante. O complexo de Édipo tem uma função normativa quanto à assunção do sexo no sujeito, o que quer dizer que o menino possa vir a assumir o tipo viril e a menina um tipo feminino, ou seja, que ele possa identificar-se com os papéis de um homem e que ela possa identificar-se com as funções de uma mulher para exercê-los na vida futura. A função da vivência do complexo de Édipo, segundo Lacan (1957–58/1999), no mesmo texto, equivale a particularizar a virilidade e a feminização e, portanto, está intimamente ligada à função do Ideal do eu, que é o esperado no tempo de resolução do complexo de Édipo (p. 170–171).

Abre-se aqui um outro ponto para reflexão: estaria a questão direcionada ao pai ligada à presença ou ausência dele, ou mesmo à sua carência ou presença excessiva? Segundo Lacan (1957–58/1999), no seminário "As formações do inconsciente", é preciso que tomemos "o pai como aquele que tem de manter seu lugar como membro do trio fundamental da família" (p. 173). É pela sua presença e pelos efeitos que esta produz no inconsciente que o pai promove a interdição da mãe, produzindo assim resultados nas identificações dos sujeitos.

Já podemos adiantar que o pai pode estar presente mesmo quando não está, e que não é ao pai real que nos referimos aqui, mas ao pai em sua função simbólica de nomear e introduzir a lei. Isso nos permite dizer que o complexo de Édipo ocorre com ou sem a presença do pai, mas não sem a lei, veiculada pela função simbólica. A presença do pai e sua normalidade é uma questão, a posição do pai na família, ou seja, sua função, é outra distinta, e é, sobretudo, o que nos interessa.

Segundo Lacan (1957-58/1999), "é na medida em que o pai substitui a mãe como significante que vem a se produzir o resultado comum da metáfora" (p. 181). Com esta afirmação, o autor esclarece que toda a função do Édipo pode ser solucionada postulando a intervenção do pai como substituição de um significante por outro significante, portanto, exercendo a função de metáfora. "A metáfora situa-se no inconsciente" (Lacan, 1957–1958/1999, p. 182), pois os significantes são selecionados e capturados de uma forma inconsciente e, desta maneira, singularmente. Ressaltamos que existem leis internas que regem a combinação dos significantes, por isso a particularidade de cada sujeito.

Na relação com a criança é a mãe que vai e vem, que chega e se afasta, que deixa claro que não é só a criança que ela quer. A mãe se ausenta, vai de encontro a alguma coisa. Não está disponível integralmente à criança. Segundo Lacan (1957–58/1999), o significado dessas idas e vindas, ausências e presenças da mãe é o falo, na referência ao pai (p. 181).

O autor, no mesmo texto, voltado a essa complexa relação criança-mãe, questiona: o que deseja o sujeito? Na verdade, o sujeito deseja a apetência do desejo da mãe, ou seja, a satisfação do desejo da mãe. Desejo do desejo da mãe (p. 188). Há, porém, na mãe o desejo de outra coisa que não apenas satisfazer o desejo da criança que começa a pulsar para a vida. A criança deseja o falo, objeto privilegiado, preponderante e presente em todos os sujeitos, sejam meninos ou meninas, no plano imaginário. O desejo, implícito na relação edipiana, vai ordenar o sujeito nas suas escolhas objetais futuras, e, na análise, é o ponto que se coloca em questão.

Lacan ainda articula que o falo representa um significante: o significante do desejo da mãe, o significante que designa a falta (p. 190). O falo é uma referência ao pai, pois é o elemento significante que lhe é atribuído. O pai opera na função de mediador da relação da criança com a mãe e vice-versa. O falo é o significante do desejo do Outro e é também o significante da castração.

A primeira relação de realidade do bebê é com a mãe e é aí que se estabelece o contato da criança com o meio vivo. A comunicação mãe/filho está focalizada numa significação que porta mensagens constitutivas para o sujeito. Nessa relação, porém, o pai já existe revestido pela presença materna. O pai passa a ser real na medida em que as instituições lhe conferem seu nome de pai. A posição do Nome-do-Pai como tal, a qualidade como procriador, é uma questão que se situa no nível simbólico.

A mãe, na medida em que é desejante, traz a inscrição, o registro da castração, e essa é marcada por uma ausência, sinalizando a falta fálica, que, por sua vez, orienta o desejo. Se, por um lado, a questão fálica se sustenta no imaginário, por outro, é amparada por uma dimensão simbólica, que conduz ao advento da metáfora paterna.

Na análise, há uma reconstrução do que ocorreu na comunicação primeira com a mãe ou sua substituta, que pode ser a avó, a tia, a ajudante, o avô, o próprio pai biológico ou qualquer outro sujeito que exerça essa função. Neste processo de comunicação, há algo de constitutivo para o sujeito que faz com que um significante e não outro qualquer marque a sua relação, a sua história e produza efeitos na sua vida.

Na relação complementar e imaginária da criança com a mãe, antes da entrada da palavra, do símbolo, já existe a presença do pai de alguma forma, mesclada nas primeiras trocas. Bleichmar (1984) formaliza que nessa relação dual, especular, "dois personagens estão atados pela mesma ilusão e cada um possibilita que o outro se mantenha nesta posição" (p. 31). Nos cuidados necessários com o filho para a sua sobrevivência, a mãe funciona como um ser que carrega seus significantes próprios, que traz insígnias das suas vivências primárias, significantes que compõem a vida do casal. A mãe entra revestida, trazendo o pai de uma forma mais velada. O pai, aos poucos, ocupa a sua função e entra na relação para se tornar lei, o que permite ao sujeito o confronto com a sua castração.

O pai se manifesta de várias maneiras: como fala articulada ele surge de uma forma não velada. A criança concebe o pai, imaginariamente, como portador da lei que é causa da privação da mãe. A mãe é mediadora dessa relação, pois instaura o pai como aquele que promulga a lei e isso ocorre através da fala articulada.

Como lei, o pai intervém na saída do complexo de Édipo e se apresenta como aquele que tem o falo. É o pai onipotente, aquele que priva, o pai que pode dar à mãe o que ela deseja, e se o pode dar é porque o possui. É o pai suporte da lei, é o pai real. Ele faz sua intervenção como aquele possuidor do falo e dessa maneira é internalizado pela criança como Ideal do eu.

Vamos esclarecer neste ponto, algo da tripartição lacaniana Real, Simbólico e Imaginário para nos determos aqui nas relações do Imaginário e do Simbólico, fundamentais na constituição do sujeito. A partir das elaborações de Bleichmar (1984), o termo Imaginário diz respeito à releitura que Lacan faz sobre a constituição do eu na teoria freudiana. Diante de um corpo fragmentado, instaura-se a sensação de falta e a criança só consegue ver-se completa mediante a presença do Outro. A identificação imaginária não comporta a perda; é como uma miragem. Dessa maneira, a incompletude é algo inerente ao sujeito. O termo Simbólico diz respeito ao código da linguagem. É um sistema de representações. Refere-se à lei que regula a cultura, pois é a linguagem que prescreve o sujeito. Ao repensar o inconsciente estruturado como linguagem, Lacan marcou uma diferença em relação à teoria freudiana, na qual o inconsciente era estruturado por representações enigmáticas, imperceptíveis e por forças obscuras. Sintetizando, Bleichmar (1984) diz que "um elemento pertence ao imaginário quando é algo em si mesmo, e, ao simbólico quando adquire valor em relação a outros elementos, de modo que um elemento em si não é simbólico ou imaginário, mas depende do tipo de articulação em que entre" (p. 37). O termo Real diz respeito a que algo do desejo inconsciente e da fantasia permaneça inacessível a qualquer pensamento subjetivo; diz respeito a uma realidade impossível de ser simbolizada. Interessa-nos, neste momento do trabalho a relação do Imaginário com o Simbólico.

O triângulo imaginário, termo usado por Lacan (1957-58/1999) para explicar a vinculação da criança que está na base da conexão que ela faz com o mundo, implica a relação do corpo despedaçado e simultaneamente envolto com as suas imagens carregadas de significação, associadas à função unificadora da imagem do corpo como tal. Mãe e criança em uma relação complementar. Na verdade, na base do triângulo imaginário está a relação do eu com a imagem especular, ou seja, o que a criança vê. O triângulo imaginário comporta três elementos, a saber: o corpo despedaçado da criança, associado às imagens significativas e à imagem total do corpo. O triângulo imaginário apresenta a relação da criança com a mãe, na medida em que a criança manifesta depender do desejo da mãe (p. 164).

Falamos de triângulo simbólico quando há na relação a articulação de uma fala, quando é possível a simbolização, mesmo num nível primário. Esse triângulo significa reconhecer a mãe como o ser que pode ou não estar presente, que é essencial e que não só fornece suas atenções ou cuidados, mas que tem um desejo em vigor. A relação pai-mãe-filho é instituída no real, a partir do momento em que há uma cadeia significante, há a articulação de uma fala. A subjetivação instaura a mãe como aquele ser que pode ou não estar presente e, mesmo ausente, é essencial (Lacan, 1957-58/1999, p. 186-187).

Nas complexas relações que o sujeito estabelece ao longo da vida, marcadas pela presença do Outro, com os significantes que ele elegeu, a história de cada um vai se escrevendo, tendo como base uma constituição definida pela palavra, pela divisão, pela perda, pela castração vivida no complexo de Édipo e pelos restos que essa experiência deixou como sobra. O ensino lacaniano remete à força da palavra na vida do sujeito, pois é no campo da linguagem que os seres podem se tornar mulheres ou homens, a partir dos significantes que o Outro oferece.

Neste sentido, o complexo da castração está intricado ao complexo de Édipo, pois uma vez instaurada a proibição, os sujeitos, norteados pela palavra, pela lei, castrados, identificam-se com seus progenitores, confrontando-se com os ambivalentes sentimentos que as relações primeiras deixaram em suas histórias. A vivência da castração, embora universal, é também particular, pois cada sujeito, subvertido pela linguagem, tem uma forma distinta e singular de experimentá-la.

O complexo de Édipo para Lacan, como também para Freud, é a representação de uma estrutura em que a posição de seus membros, pai, mãe e filho é determinada pelo falo que circula na cadeia significante. E a relação entre desejo e castração é estabelecida em torno dessa premissa universal.

Sobre o complexo de Édipo e sua intricação com a castração, no "Seminário 5: as formações do inconsciente" (1957–58/1999), Lacan distingue três tempos do complexo de Édipo que apresentam particularidades e que se entrelaçam de alguma forma nesse período fundamental da vida da criança.

Faremos alusão, passo a passo, à intricação dos registros imaginário e simbólico. O primeiro tempo do complexo de Édipo diz respeito ao terceiro momento do estádio do espelho na teoria de Freud, em que a identificação da criança se dá à imagem totalizada do corpo. Essa imagem é contrária à realidade de precária coordenação sensório-motora que a criança vivencia neste período. A criança por ser dependente da mãe, submete-se ao desejo dela, identificando-se com o que supõe ser o objeto do desejo desta, ou seja, o falo. É na mãe que será colocada a questão do falo e é onde a criança deve descobri-la. Para a criança, o que existe é o falo imaginário, com o qual faz sua identificação. O falo executa a função de alimentar a ilusão de completude, de que não há falta. Para a mãe, contudo, o falo está simbolizado em seu inconsciente, pois ela está marcada por sua própria vivência do complexo de Édipo. Na mãe, o que caracteriza o falo simbólico é que aquilo que falta pode ser substituído por algo que o representa, ou seja, o filho que substitui o falo. A partir deste momento em que o filho está identificado ao falo, objeto de desejo inconsciente, a mãe sustenta o ideal de ter o falo, a partir da premissa lógica da castração.

Nas palavras de Lacan (1957–58/1999):

> No primeiro tempo [...] o sujeito se identifica especularmente com aquilo que é objeto de desejo da mãe. Essa é a etapa fálica primitiva, aquela em que a metáfora paterna age por si, uma vez que a primazia do falo já está instaurada no mundo pela existência do símbolo do discurso e da lei (p. 198).

Nesse primeiro tempo do Édipo, a identificação que a criança faz é com o que é objeto de desejo da mãe. A questão do falo, objeto privilegiado, já está presente em algum lugar da mãe e cabe à criança encontrá-la. O desejo do Outro é o desejo da mãe, que sinaliza algo a ser atingido e, para isso, é necessário que o pai seja mediador na ordem simbólica. A criança é o falo e a mãe, supostamente tem o falo; desta maneira, as duas estão imbricadas. Mãe e criança favorecem uma à outra a ilusão de completude, que tem como base o eu ideal.

Nesta relação narcísica, o reconhecimento do objeto do desejo da mãe, desejo inseparável do jogo simbólico, é o essencial. A mãe é o primeiro objeto simbolizado (pelo jogo de ausência ou presença da mesma), ao qual se fixará o desejo da criança. Segundo Lacan (1957–58/1999), "a ausência da mãe ou sua presença oferecem à criança [...] pela simples introdução da dimensão simbólica, a possibilidade de ela ser ou não uma criança demandada" (p. 284). A criança, ao almejar o objeto do desejo da mãe, o falo, só tem um caminho a trilhar: ocupar o lugar desse objeto privilegiado. Quando o autor (1958–59/1999) formula "a criança se esboça como assujeito" (p. 195), isso significa que ela se experimenta assujeitada às vontades daquele de quem depende: a mãe ou correspondente.

O segundo tempo do Édipo está centrado na entrada do pai na relação da criança com a mãe como aquele que interdita. A criança é chamada a renunciar a ser o objeto de desejo da mãe pois esta dirige seu desejo para o pai e: desta maneira, a criança reconhece a mãe dando preferência ao pai em relação a ela. A mãe, sob o olhar da criança, deixa de ter o falo e o pai passa a ser reconhecido como aquele que é o falo: o Outro, o competidor, o rival, um objeto fálico. O pai permanece no nível imaginário, pois o pai simbólico não está constituído desde esse momento. O pai contempla o lugar de pai simbólico quando a criança percebe que a mãe é dependente do desejo do pai e a lei (a palavra) do pai é reconhecida como intermediária do seu próprio desejo. O pai, a partir desse momento, surge como possuidor do falo.

Sobre o segundo tempo do Édipo, Lacan (1957–58/1999) diz: "a mãe é dependente de um objeto, que já não é simplesmente o objeto de seu desejo, mas um objeto que o Outro tem ou não tem" (p. 199). Dessa forma, a relação com a palavra do pai é que estabelece o caráter decisivo da relação edipiana. O pai só pode dar o falo enquanto suporte e portador da lei. A posse ou não desse falo pela mãe depende da palavra do pai. O pai passa neste momento para o plano real. Neste segundo tempo, o discurso da mãe é recebido de maneira diferenciada: a fala do pai (fala articulada) intervém no discurso da mãe. O pai não aparece completamente revelado, mas menos velado do que na primeira etapa. Remeter a mãe a uma lei que não é dela é a chave de compreensão da relação edipiana, pois significa que o sujeito faz uma relação não com o pai, mas com a palavra do pai, intermediada pela mãe.

Lacan diz (1957–58/1999):

> A estreita ligação desse remeter a mãe a uma lei que não é a dela, mas a de um Outro, com o fato de o objeto de seu desejo ser soberanamente possuído, na realidade, por esse Outro a cuja lei ela remete, fornece a chave da relação do Édipo. O que constitui seu caráter decisivo deve ser isolado como relação não com o pai, mas com a palavra do pai (p. 199).

O terceiro tempo do Édipo é marcado pela resolução da rivalidade fálica entre a criança e a mãe. A criança recebe a autorização do pai e não mais está assujeitada ao desejo da mãe. Na medida em que o pai não responde à expectativa do filho, constitui-se uma identificação, que na verdade está ligada a um momento de privação. De alguma maneira, na medida em que o pai permite e autoriza a criança a possuir um falo mais tarde, a mensagem do pai torna-se a mensagem da mãe. O pai, na verdade, possibilita o filho a ser alguém semelhante a si, com características parecidas com as suas (Lacan, 1957–58/1999, p. 178–179).

A criança confronta-se com o fato de que o falo se pode ter e perder (incidência da castração), mas não se pode ser. A inscrição tanto da mãe quanto da criança na dialética do ter esclarece o lugar do desejo da mãe e coloca o falo no lugar em que ele pode ser desejado pela criança, e também pela mãe, ou seja, lá onde supostamente ele está. Assim, criança e mãe, pela lei paterna, são forçadas a aceitar não ser o falo e também poder não tê-lo. Só podemos falar de castração simbólica quando há o reconhecimento desta pela mãe, pelo pai ou por qualquer sujeito que ocupe estas funções. O falo desta forma se insere na cultura e é elevado à condição de falo simbólico.

Neste terceiro tempo do Édipo, os trajetos do desenvolvimento libidinal do menino e da menina divergem. As identificações acontecem de forma diferenciada, e, de acordo com o sexo da criança, acrescenta-se o Ideal do eu que sustenta a assunção do próprio sexo, e o supereu, que marca a assunção da lei.

Pela via do amor, menino e menina, através da identificação, vão pontilhar seus trajetos diferenciados das vivências sexuais futuras. Segundo Lacan (1957–1958/1999) "é na medida em que o pai se torna objeto preferível à mãe, seja por que vertente for, pelo lado da força ou pelo da fraqueza, que pode estabelecer-se a identificação final" (p. 196–197). Continuando com suas palavras:

> O que importa é a função na qual intervêm, primeiro, o Nome-do-Pai, único significante do pai, segundo, a fala articulada do pai, e terceiro, a lei, considerando que o pai está numa relação mais ou menos íntima com ela. O essencial é que a mãe funde o pai como mediador daquilo que está para além da lei dela e de seu capricho, ou seja, pura e simplesmente, a lei como tal. Trata-se do pai, portanto, como Nome-do-Pai, estreitamente ligado à enunciação da lei, como todo o desenvolvimento da doutrina freudiana no-lo anuncia e promove. E é nisso que ele é ou não é aceito pela criança como aquele que priva a mãe do objeto de seu desejo (p. 197).

A criança entra na dialética da troca (Lacan, 1957–58/1999), fazendo-se de objeto nessa corrente e, em determinado momento, renuncia ao pai e à mãe ou conserva esses objetos. Quando ela reduz esses objetos a puros significantes, considerando-os como objetos de seu desejo, mantendo o apego da fase edipiana, ela tem duas saídas: ou permanece numa relação infantil com os objetos parentais, ou evolui e os substitui. Permanecendo na relação infantil é que as inversões ou perversões podem se manifestar. As inversões ou perversões apontam que não foi possível a normatização esperada no desfecho do complexo de Édipo, pois no cerne da relação com os objetos edipianos não houve a troca parental esperada e tampouco as substituições possíveis na vida adulta (p. 296–297).

Sobre os três tempos do Édipo, resumimos, o pai intervém em três planos diferentes: no primeiro tempo do Édipo com o Nome-do-Pai; no segundo tempo do Édipo com a fala articulada, ou seja, a palavra do pai é instituída; e, no terceiro tempo do Édipo, como lei. Com isso instala-se a castração para todos. Essa é a lei.

Faremos alguns comentários sobre a castração, que é uma operação simbólica e que faz referência a um objeto imaginário – o falo, e a maneira como os sujeitos vivenciam o confronto com a mesma. Lembramos que quando falamos de pai e mãe no desenrolar do complexo de Édipo nos referimos às posições que estes personagens podem ocupar na vida da criança, ou seja, as funções que eles realizam. Podemos fazer essa constatação no processo analítico quando o sujeito em seu discurso faz menção àquilo que ordenou a sua história, aos significantes que funcionaram como lei e que regem a sua vida e às funções que os personagens parentais exerceram.

Com o foco na castração, retomamos Freud (1925/1980) quando ele escreve sobre as consequências da percepção da distinção anatômica entre os sexos para o menino e para a menina e sobre os efeitos disto *a posteriori*. Como já foi dito no capítulo referente ao complexo de Édipo em Freud (2.1), as meninas experienciam a inveja do pênis e fazem o confronto com sua ausência de uma forma mais imediata: enxergam o órgão no menino, atestam que não o têm e querem tê-lo. Muito além dos caminhos que as meninas possam se enveredar após essa constatação – esperança ou recusa, sublinhamos que o sentimento de inferioridade que surge daí se desloca, transforma-se em ciúme, propicia o afrouxamento da relação afetiva com a mãe (culpada de trazê-la ao mundo como faltosa). A mulher instintivamente tem uma relação direta com o seu objeto de desejo (falo/pênis), sem subterfúgios, o que promove a sua saída do Édipo de uma forma menos elaborada do que o homem e com consequências distintas.

Questionamos neste ponto se a feminilidade implica certa dose de conformismo ou mesmo apaziguamento? Segundo Freud (1925/1980), a mãe torna-se objeto de ciúme, o pai, objeto de amor: "A menina transformou-se em uma pequena mulher" (p. 318). A castração vem, portanto, inibir a masculinidade e incentivar a feminilidade. Para Freud, os traços de caráter das mulheres: menor senso de justiça, menor aptidão à submissão dirigida às exigências da vida, maior probabilidade de serem influenciadas por julgamentos movidos por afeto ou hostilidade, se justificam pelo fato de que o supereu feminino é formado de maneira menos radical (p. 318).

A decepção experimentada pela menina na relação edipiana traz consequências como vimos no capítulo anterior depois de passar por uma série de equivalências (bebê = pênis = falo) ou mesmo transformações. Segundo Lacan (1957-58/1999), essa decepção possibilita o emergir de uma demanda, dirigida àquele que exerce a função de pai, demanda que significa que algo lhe seja dado para a realização de seu desejo. O desejo elege um significante, que, na verdade, vem substituir o falo (p. 286). Dessa forma, é possível aproximar-se do desejo, quando ele se entrelaça a uma demanda. Portanto, para a menina, o complexo de Édipo vem a ser uma forma de elaborar a castração.

No caso do menino, o pai no complexo de Édipo incomoda porque proíbe; proíbe a mãe que é dele como objeto, e proibindo cria rivalidade. Como a criança precisa da mãe, o pai a frustra porque intervém. E priva a criança da mãe porque se faz preferir em lugar da mãe, o que produz a formação do Ideal do eu (p. 300-303). Isso leva-nos a concluir que o processo de identificação do menino ao pai pela via do amor, que termina no Ideal do eu, leva a dois caminhos: ou o amor pelo pai vai permitir a identificação e o menino incorpora os traços do pai nele mesmo, ou, o outro caminho, ao invés de se identificar com o pai, coloca-se como objeto de amor, se faz amar pelo pai e assume a posição de mulher. É o que é denominado de Édipo invertido. É com a identificação ao pai que a virilidade no menino é assumida, partindo para suas buscas tendo como referência o que capturou do pai. É aí que reside a diferença fundamental da consequência do complexo de Édipo no menino ou na menina (p. 308-310).

Acrescentamos que o desenrolar do complexo de Édipo desempenha um papel normativo diferente nos dois sexos, pois a menina tem acesso àquilo que lhe falta quando recorre à fantasia de ter um filho do pai. Fantasia esta que não perdura, que faz corte e a lança em um outro sentido: buscar o acesso a um companheiro que substitua seu desejo primário. A assunção dessa falta primordial do falo possibilita o atravessamento da castração na resolução edípica. Percurso que indica o acesso à feminilidade, quando reconhece que o pai porta o objeto de seu desejo, mas não o dá.

Isso sugere que, no final da fase edipiana, a resolução é facilitada para a menina, pois o pai não tem dificuldade de se fazer preferir à mãe como único portador do falo. A menina, por não ter o falo, não é rival do pai. É na medida em que o pai se torna o Ideal do eu que se produz nela o reconhecimento radical de que ela não tem o falo, nunca terá e, conformada, sabe aonde procurá-lo. Dessa experiência algo amargo sobrará. O desejo primeiro de que o clitóris se transformasse em pênis pode ser conservado por toda a vida; nisso está o caráter irredutível da fantasia denominada *Penisneid*. A castração pela menina é vivida desta maneira.

O relevante para o que nos ocupa neste estudo é que através do complexo de castração se articula a transformação do menino em homem e da menina em mulher. Amar o pai é normatizador para a menina, pois dessa forma ela encontra o caminho da genitalidade (assunção do sexo). O que para o menino recai no Édipo invertido, na menina é a solução: se fazer amar pelo pai. No final do Édipo, tanto a menina quanto o menino são castrados, pois são privados do objeto de seus desejos. A menina se conforma com esta condição; o menino se reconhece viril, como o pai, mesmo não tendo o falo. O que vale na castração é a marca que ela deixa no sujeito, marca que fica registrada e que se mescla no desejo de cada um.

Voltando a Lacan (1957–58/1999) o pai, ao mesmo tempo em que interdita o desejo primordial, faz a sustentação de um lugar onde o desejo pode aparecer. É um pai que aponta para um gozo possível, à medida que ele se dirige a uma mulher. Isso só ocorre se o pai for capaz de fazer dessa mulher causa de seu desejo. Causa essa articulada ao campo do Outro, ao campo da linguagem. Ressaltamos que o pai introduz a articulação do desejo e da lei.

Na constituição mínima do campo simbólico, algo tem que fazer com que o desejo seja significado, já que passa por uma demanda que deve ser significada no plano simbólico. Há um símbolo dessa falta fundamental necessária para introduzir o desejo no significante, para fazer dele o desejo na dialética analítica. O significado é designado a partir desse símbolo, a letra φ, ou seja, o falo. Segundo Lacan (1957-58/1999):

> A função constitutiva do falo, na dialética da introdução do sujeito em sua existência pura e simples e em sua posição sexual, é impossível de deduzir, se não fizermos dele o significante fundamental pelo qual o desejo do sujeito tem que se fazer reconhecer como tal, quer se trate do homem, quer se trate da mulher. O fato é que o desejo, seja ele qual for, tem no sujeito essa referência fálica. É o desejo do sujeito, sem dúvida, mas, na medida em que o próprio sujeito recebeu sua significação, ele tem que extrair seu poder de sujeito de um signo, e esse signo, ele só o obtém ao se mutilar de alguma coisa por cuja falta tudo será valorizado (p. 285).

A estruturação do desejo do sujeito pode ser articulada como "a aventura primordial do que se passou em torno do desejo infantil, do desejo essencial, que é o desejo do desejo do Outro, ou o desejo de ser desejado" (Lacan, 1957-58/1999, p. 282). O que permanece no sujeito é o que fica ali inscrito ao longo desse processo, dessa aventura. Há uma dependência essencial do sujeito em relação ao desejo do Outro. O que está em pauta é aquilo pelo qual o sujeito almejou e identificou o desejo do Outro, que, na verdade, é o desejo da mãe. O essencial em uma análise é permitir ao sujeito reconhecer de que modo ele foi levado a se tornar ou não aquele que atende a esse desejo materno, a se tornar ou não o ser desejado, a corresponder ou não ao desejo do Outro.

A experiência de análise permite ao sujeito o confronto com a castração e com os arranjos possíveis diante dos significantes adquiridos depois que os significantes atribuídos pelo Outro caem. Marcamos aqui a possibilidade de uma análise chegar ao fim: fazer valer a castração. Nas palavras de Lacan (1957–58/1999):

> O falo só é concebível se implicado desde logo como o significante da falta, o significante da distância entre a demanda do sujeito e seu desejo [...] Para que se chegue a esse desejo é preciso deduzir a entrada necessária no ciclo significante. Se a mulher tem de passar por esse significante, por mais paradoxal que ele seja, é porque não se trata, para ela, de realizar uma posição feminina primitivamente dada, mas de entrar numa determinada dialética de troca (p. 296).

Partindo dessa explanação, podemos dizer que é no contato com os genitores, movido pelo amor, ódio, rivalidade, mesclados com a sexualidade, que o sujeito se estrutura de alguma maneira. É na relação do sujeito com o Outro que ele apreende, captura a sua posição de único, de singular. Esse Outro pode ser apreendido pelo olhar, pela fala, pelas relações que são estabelecidas ao longo da vida. Não existe sujeito que preexista à relação com os pais, pois se o sujeito se constitui como tal no centro da vivência edipiana, se o supereu se forma como produto do que ocorre a partir daí, a condição estruturante para o sujeito baseia-se nesse interjogo com as figuras materna e paterna. É no confronto com a falta no Outro que o sujeito alcançará sua orientação na partilha dos sexos, sua entrada no campo do desejo e da cultura. A forma como o drama edipiano se desenrola na história do sujeito delineia e emoldura as suas relações posteriores.

Lacan (1957–58/1999) estabelece uma lógica na qual tenta construir relações entre as figuras do pai, da mãe e da criança, tendo como base o texto freudiano para uma melhor compreensão sobre a castração. A partir desta lógica é que chegaremos ao objeto *a*, invenção lacaniana de suma importância para as elaborações que este texto demanda. Consideramos que é exatamente a partir dessa invenção que podemos visualizar a possibilidade do prosseguimento da análise para que ela chegue a seu final, abrindo um caminho diante do impasse do rochedo da castração, apontado por Freud (1937/1980) ao final de seu texto "Análise terminável e interminável".

O conceito de objeto *a* passa por transformações ao longo do ensino de Lacan e assume papel central na constituição do sujeito. No "Seminário VII: a ética da psicanálise" (1959-60/2008), Lacan aborda o universo da falta, trabalhando o conceito de das *Ding* – a Coisa –, falta central no registro do desejo, só representável no inconsciente. No "Seminário VIII: a transferência" (1960-61/1992) Lacan utiliza o termo *agalma* - tesouro - para dizer daquilo que está no interior, mas que, na verdade, se trata de outra coisa. O objeto surge, neste ponto do ensino lacaniano, como pivô, chave do desejo humano. No "Seminário X: angústia" (1962-63/2005), Lacan trabalha um objeto que se situa aquém do desejo, o objeto *a* que seria a causa do desejo. O sujeito deseja a partir de um Outro, pois remetemos ao Outro o que nos falta, e este Outro é dividido (A barrado). Este resto, remetido a algum significante, sofre também divisão ($), e o que sobra é o objeto *a*. O objeto *a* se configura como "aquilo que sobrevive da operação de divisão do campo do Outro pela presença do sujeito" (Lacan, 1962-63/2005), p. 243). O *a* faz referência à falta - castração. Lacan dará nomes ao objeto *a*, mas ele não é da ordem significante. Na medida em que ele sobra, resto irredutível (aquilo que ficou perdido na operação de castração), o objeto *a* assume sua função de causa de desejo, associado a um mais de gozo, ligado a pontos do corpo erógeno. No lugar dessa falta, produto da divisão do sujeito, é que a demanda da análise pode surgir.

Lacan (1961-63/2005) elege o estudo sobre a angústia para privilegiar o objeto *a*, formalizando que a angústia "é sua única tradução subjetiva" (p. 113). Atentos à estrutura do sujeito, esclarecemos que a angústia não é recalcada, mas fica à deriva: o que fica recalcado - e que nos interessa na análise - são os significantes que a amarram. As reflexões lacanianas no seminário citado sublinham que a angústia não existe sem objeto (p. 113) e que este, denominado de objeto *a* é que tece a relação da angústia ao desejo. O conceito de objeto *a* vai se elaborando na teoria lacaniana inicialmente a partir do objeto parcial ou do *agalma* (como já foi dito) ou mesmo através do fetiche. Lacan (1962-63/2005) se serve do fetiche para tratar a dimensão do objeto como causa do desejo: "O fetiche causa o desejo. O desejo, por sua vez, agarra-se onde puder" (p. 116). O conceito de objeto *a* vai se cristalizando para Lacan ao longo dos seminários seguintes.

O objeto *a* é causa do desejo e não o seu alvo. No seminário citado, ele é abordado a partir de duas vertentes: como resto da divisão, quando o sujeito é marcado pelo traço unário do significante relacionado ao campo do Outro – resto que cai: ou como falta, como ameaça de uma perda que se presentifica com a separação do seio materno. A angústia que surge dessa separação ou dessa perda, assim como o desejo, está ligada ao Outro.

Segundo Marini (1990): "o objeto *a* não tem nada a ver com o 'a' do estádio do espelho, ele não é especular; ele também não é 'visível' nisto que constitui para o homem a imagem de seu desejo, onde o Pai é primeiro" (p. 223). Isso sugere que o objeto *a* não se origina da separação da mãe, mas da ruptura com o próprio corpo: placenta, restos embrionários. O objeto *a*, portanto, se define como aquilo que é irredutível.

Diante da falta, chega-se ao objeto, pois o que é perdido (irremediavelmente perdido) passa a ser causa do desejo. Se há um objeto que é causa de desejo, existe um movimento do sujeito que se relança diante da castração. A castração, desta maneira, pode ser compreendida como algo estruturante e não como algo desconstrutivo ou fatal. Na análise, o que está em jogo é que a angústia surja como vazio, e que ela, como função, permita que o sujeito avance e chegue ao objeto que falta, que mobiliza, porque porta o mais de gozo – falta que faz andar.

Após abordarmos a castração sob o olhar desses dois autores, Freud e Lacan, trataremos no próximo capítulo, da travessia de uma análise, pois isto servirá de debate para o tema proposto neste livro.

Final de análise: *articulações*

A travessia de uma análise: *da lógica da castração ao objeto do desejo*

O percurso de uma análise comporta etapas em que analisante e analista se encontram implicados e nas quais o saber é sempre fragmentado. A estrutura da situação analítica põe o analista como ouvinte, como "escuta-dor" de um discurso que ele autoriza pelo convite à associação livre. Para responder a esse convite, o sujeito se posiciona na busca de suas questões e em direção ao desejo. O analista com seu silêncio permanece como ouvinte e dá lugar ao desdobramento da palavra do sujeito. Na entrada em análise, o sujeito se dirige ao analista com o objetivo de livrar-se de seu sintoma, causa de seu mal-estar. O início da análise se dá, portanto, pela dissolução do sentido inconsciente do sintoma. Salientamos que o sintoma é o sinal que o analisante traz, aquilo que ele reconhece como causador de seu transtorno.

Borges (1987) diz: "é nesse corpo a corpo com o Inconsciente, partindo de algo indizível (o desejo inconsciente) que se impõe algo nunca antes formulado" (p. 10). Por isso, designamos a análise como um processo: trabalho em construção.

Este trajeto se faz à custa de esforço, sacrifício e variadas dificuldades. É uma aventura, um mergulho, um aprofundamento com todos os riscos, surpresas e imprevistos que o processo pode gerar. No movimento da análise não há nada pronto: ele traz a marca do provisório. Este é um dos problemas para que se defina o final de uma análise. Uma operação fundamental na análise é a transferência, a qual examinaremos prioritariamente.

Segundo Laplanche e Pontalis (1983), transferência "designa em psicanálise o processo pelo qual os desejos inconscientes se atualizam sobre determinados objetos no quadro de um certo tipo de relação estabelecida com eles e, eminentemente, no quadro da relação analítica" (p. 668).

Freud usou pela primeira vez o termo transferência no ano de 1888, em francês, num artigo sobre a histeria para o dicionário médico de Villaret (Kaufmann, 1996, p. 548). Com esse termo nomeava a mudança do sintoma histérico de uma parte para outra do corpo. Foi, porém, mais adiante, nos "Estudos sobre a histeria" (1893–95/1980), que a transferência assumiu a concepção que ela tem hoje no trabalho analítico.

Em seu artigo "A dinâmica da transferência" (1912/1980), ressalta que "a transferência foi precisamente estabelecida não apenas pelas ideias antecipadas conscientes, mas também por aquelas que foram retidas ou que são inconscientes" (p. 135). O psicanalista questiona o porquê da transferência ser mais intensa nos indivíduos neuróticos em análise do que em pessoas que não estão sendo analisadas e qualifica como enigmática a razão da transferência, na análise, surgir como a resistência mais poderosa ao tratamento, visto que, fora dele, é encarada como sugestão. A libido, parcial ou inteiramente, entrou num curso regressivo e reviveu as imagos infantis do sujeito. As forças que outrora fizeram a libido regredir emergem como resistências ao trabalho analítico. A resistência, portanto, acompanha o tratamento passo a passo e reflete a luta das forças em movimento para a permanência do estado anterior.

A transferência traz um paradoxo: ao mesmo tempo em que é obstáculo, pois serve de resistência ao processo, é o que produz o andamento da análise. Em Freud (1912/1980), "é imprescindível distinguir uma transferência 'positiva' de uma 'negativa', a transferência de sentimentos afetuosos e hostis, e tratar separadamente os dois tipos de transferência para o médico" (p. 140). Ela é positiva quando se manifesta por sentimentos amistosos ou afetuosos, admissíveis à consciência, e, ainda, pelos prolongamentos desses sentimentos no inconsciente. Sobre esses prolongamentos, a análise demonstra que eles remontam às fontes eróticas. As relações emocionais de amizade, confiança, ternura, simpatia acham-se articuladas à sexualidade e se desenvolvem a partir de desejos sexuais, através da suavização de seu objeto sexual, "por mais puros e não sensuais que possam parecer à nossa autopercepção consciente" (p. 140). Isso significa que, pessoas que no dia a dia são respeitadas ou admiradas, podem ser objetos sexuais para o inconsciente.

Na teoria freudiana (1912/1980), a transferência é abordada sob três dimensões: como resistência, repetição ou sugestão. Como sugestão, ela não se distingue dos fenômenos do cotidiano. Quando se manifesta como resistência ou repetição ela serve de obstáculo à análise. Vimos que ela pode ser negativa, quando o afeto em relação ao analista se apresenta hostil, ou positiva, enquanto erótica ou terna. Tanto na forma hostil como na erótica serve de obstáculo ao tratamento, pois traz os sentimentos recalcados de ódio e amor. Ela é terna quando se mostra como mola propulsora de algo até então velado. Em qualquer forma de suas manifestações, há a necessidade de superá-la, conduzindo o analisante da recordação à elaboração (p. 140–141).

Para Freud (1914/1980), no artigo "Recordar, repetir e elaborar", a dificuldade básica com a qual o analista se depara em seu trabalho diz respeito ao manejo da transferência. Segundo ele, o amor transferencial é necessário e essencial para que se inicie a situação analítica, não devendo ser rejeitado ou repelido pelo analista. Suportando o amor transferencial, o analista abre vias às raízes infantis do analisante, permitindo que os desejos sexuais e ocultos e as fantasias neles contidos possam emergir. A genuinidade desse afeto revela-se nas repetições das relações anteriores, relacionadas a algo faltoso, e não se origina da situação atual. A emergência da transferência sinaliza que os processos inconscientes foram ativados (p. 201). Formula, acrescentando, que compete ao analista remontar o analisante ao passado, e isso só é possível pelo manejo da transferência. Desta forma, transferindo, é possível reviver na sessão analítica as fantasias, os sentimentos, viabilizando o caminho de acesso ao desejo.

A transferência, embora não seja fenômeno exclusivo da situação analítica, comporta o aparecimento dos modos permanentes, costumeiros, pelos quais o sujeito constitui seus objetos a partir dos desejos infantis que foram recalcados.

Borges (1987) enfatiza a posição do analista neste processo:

> um dever do psicanalista é não deixar ninguém dormir, e sim fazer com que sempre exista um movimento, mesmo não tendo garantias para aonde vai e nem aonde vai chegar, e mesmo sabendo estar diante de um movimento de busca que traz em si a marca da impossibilidade (p. 27).

Freud (1914/1980), no artigo já citado, sublinha que superadas as resistências, cabe ao analisante familiarizar-se com elas. Processo que implica um tempo de elaboração (*Durcharbeitung*, perlaboração), um tempo singular, particular para cada sujeito, para que um sentido novo possa ser dado à repetição. A perlaboração é um processo lento, sem tempo cronológico definido, pois o inconsciente é atemporal – por isso, sempre atual. No inconsciente não há registro de passado, presente ou futuro; o tempo é indefinido. Podemos exemplificar essa atemporalidade com os sonhos, nos quais o sujeito pode aparecer como criança ou adulto ao mesmo tempo, ser personagem ou assistir à cena que ele revela. Para se falar em tempo de análise, falamos em tempo do inconsciente, em tempo de elaboração (p. 202–203) ou de perlaboração.

Sustentamos que aquilo que o analista tenta apreender é a fala que ficou impedida, o que o sujeito fracassa em dizer. Aquilo que no discurso do analisante escorrega, derrapa, perde o freio, é o que o coloca na pista do inconsciente. O roteiro para esse desenlace é o erro: erro das palavras, tropeço no discurso, falta, reticências.

A elaboração freudiana ganha desdobramentos com o ensino de Lacan, que acrescenta a força da palavra ao percurso analítico, e que nos interessa, em particular.

Lacan, desde "Os escritos técnicos de Freud" (1953–54/2009), abordou a dimensão simbólica da transferência. Segundo o autor, Freud designa com o nome de transferência o deslocamento dos elementos inconscientes do sonho, que fazem parte do elemento central de realização do desejo, para os restos diurnos. Lacan comparou estes restos diurnos com o alfabeto, no qual, dependendo da organização das letras, a princípio, destituídas de sentido, conseguem exprimir um sentimento. Neste texto citado, ele usa o termo material significante ou significação da fala (*locutionis significatione*) para descrever esta organização que revela o sentimento inconsciente.

Lacan (1953–54/2009), no mesmo seminário, problematiza a transferência:

> A partir de quando há verdadeiramente transferência? Quando a imagem que o sujeito exige se confunde para o sujeito com a realidade em que ele está situado. Todo o progresso da análise está em lhe mostrar a distinção desses dois planos, deslocar o imaginário do real (p. 312).

O psicanalista francês, no "Seminário I" (1953–54/2009), em suas articulações sobre a palavra na transferência, sublinha que "a palavra não é palavra a não ser na medida exata em que alguém acredita nela" (p. 311). Isso significa que é preciso a crença do analista no dizer do analisante e vice-versa. A palavra é a possibilidade da escuta e do dizer; é o motor do progresso da transferência. O autor formaliza que a função da transferência só pode ser compreendida no plano simbólico, ou seja, pelas palavras, signos, significantes. E que, na transferência, o que se trata, em essência, é a tomada de posse de um discurso aparente por um discurso mascarado, ou seja, o discurso do inconsciente. O autor (1953–54/2009) acrescenta:

> Esse discurso se apossa desses elementos esvaziados, disponíveis... e de tudo que, na ordem do pré-consciente, se torna disponível, por um investimento mínimo dessa necessidade fundamental do sujeito que é a de se fazer reconhecer. É nesse vazio, nesse oco, com o que se torna assim materiais, que se exprime o discurso secreto, profundo. Nós o vemos no sonho, mas o reencontramos também no lapso e em toda a psicopatologia da vida cotidiana (p. 320–321).

Na concepção lacaniana, ao desejar ser amado, o analisante presentifica o analista no lugar do Outro (como Ideal do eu), lugar perigoso, ao qual o analista não deve ceder. É o silêncio do analista que possibilita o surgimento da falta: questão essencial para que o movimento do analisante seja produzido. Falta que é capaz de gerar esse movimento.

O analista, suporte da transferência, não promove a complementaridade, nem tampouco obtura a falta, mas se oferece como via possível de reconciliação do sujeito com sua atividade desejante.

A partir da transferência, a interpretação do analista pode produzir efeito. Segundo Vidal (2008), "a função do analista é possibilitar uma superfície discursiva na qual a palavra possa produzir cortes e novos enodamentos [...], produzir, no processo de análise, uma outra escrita" (p. 141). É esta a possibilidade de uma análise poder se finalizar: com a palavra interpretada, desmembrada, articulada, gerando inovações.

Através da palavra, nesse movimento constante de idas e vindas, o analisante é surpreendido e atravessado pelas apresentações do inconsciente, pois a palavra se manifesta no discurso, apesar e além do sujeito que a traz, sujeito que não a domina.

Segundo Quinet (2003), de palavra em palavra temos o desejo como efeito metonímico da demanda (p. 96). A palavra produz a falha, a falha produz cortes, os cortes permitem construções inovadoras.

Acreditamos conveniente, neste ponto da leitura buscar um pouco da história, no que concerne à vida e obra de Lacan, para fazermos associações e articulações aos temas que serão desenvolvidos a seguir.

Designa-se como "terceira geração da psicanálise", os membros da instituição que tiveram acesso a Freud somente através da leitura de seus textos e que foram instruídos e fizeram sua formação com os representantes da segunda geração. Dentre os componentes da terceira geração temos Lacan (Roudinesco e Plon, 1998, p. 118).

Num contexto de discórdias, insatisfações, luta pelo poder e autoridade, o universo psicanalítico francês viveu uma grande crise. Segundo Marini (1990):

> No outono de 1963 a crise no interior da SFP (Sociedade Francesa de Psicanálise) é aguda. Na noite de 19 de novembro, Lacan é definitivamente riscado da lista dos didatas (analistas formadores). No dia seguinte, na primeira sessão de seu seminário de Saint-Anne, ele anuncia o seu fim. Em 15 de janeiro de 1964 ele se instala na ENS da rua d´Ulm, fala de sua "excomunhão" e anuncia como tema de seu novo seminário *Os Quatro Conceitos Fundamentais*. Será preciso esperar 1973 para reencontrar este título sob uma forma que pode surpreender: Les Non-dupes errent (p. 225).

Lacan, segundo a autora, diante de tal situação, sentiu-se perturbado, humilhado e traído como se "o pai não fosse mais seu pai ou Freud ou o Pai, mas ele mesmo se descobrindo neste lugar" (Marini, 1990, p. 225). Ele foi obrigado a deixar a IPA (*International Psychoanalytical Association*) em 1963 e usou a palavra excomunhão para expressar sua ruptura com a instituição, comparando-se ao filósofo Spinoza, que acabou por fundar uma nova filosofia – spinozista. Lacan criticava a IPA por não ser fidedigna à proposta freudiana e, coagido, fundou uma outra instituição onde acreditava poder exercer a psicanálise – a *École Freudienne de Paris* (EFP), originando, desta forma, um movimento que se designou como lacaniano. Roudinesco (1988), em "História da psicanálise na França", relata:

> Lacan desfaz o jogo da IPA [....] Pode então identificar-se com o Espinosa de Colerus e afirmar que foi vítima não de um simples banimento, mas de uma exclusão sem retorno da comunidade psicanalítica (p. 387).

Neste contexto, Jacques Lacan, que se preparava para apresentar o seminário sobre os nomes do pai, como já citado pelas palavras de Marini, retoma seu ensino atento às exigências rigorosas dos seus conceitos. Em janeiro de 1964, apresenta os fundamentos da psicanálise evocando os quatro conceitos: o inconsciente, a repetição, a transferência e a pulsão.

Para contemplar a elaboração lacaniana sobre o conceito de repetição, elucidaremos os termos *tyché* e *automaton*, retirados de Aristóteles e utilizados por Lacan em seu ensino. Aristóteles, segundo Poirier (1990) "distingue dois conceitos: o acaso (*hasard*) e a espontaneidade (*spontaneité*) tomando a tradução de Saint-Hilaire" (p. 22–23). No vocabulário grego, a palavra acaso algumas vezes é traduzida por sorte (*fortune*). Espontaneidade (*spontaneité*) traduz melhor o termo *automaton* e refere-se a "algo que designa uma causalidade que age sem objetivo, em vão, como um autômato ou uma marionete" (p. 22–23). Usaremos a grafia definida acima para as palavras *tyché* e *automaton*, pois nos parece a mais semelhante à palavra grega, e é a tradução que Poirier (1990) nos sugere. Seguindo a linha de pensamento aristotélica, a espontaneidade comporta o acaso, embora sejam coisas distintas. Os efeitos do acaso são indeterminados e este conceito implica a ideia de liberdade. Para Aristóteles (1990), em "Lições de Física", "a diferença entre o acaso e o espontâneo é que o espontâneo, ou o que acontece por si mesmo é mais compreensivo que o acaso, na medida em que todo acaso é espontâneo mas nem todo espontâneo é do acaso" (p. 22–23).

Em psicanálise, na percepção de Lacan (1964/1998) a *tyché* refere-se ao encontro com o real, já o *automaton* faz referência à insistência dos signos. O *automaton* se caracteriza pelo automatismo inconsciente da cadeia de significantes, marcando, sob o domínio do princípio do prazer, o retorno, ou seja, a volta insistente dos signos. A *tyché* indica um além do *automaton*, um além do princípio do prazer. É, na teoria lacaniana, o encontro com o real. Encontro com o *nonsense* (sem sentido), que força um novo sentido, que desloca a série do *automaton* e das leis do significante. Esse encontro com o não-sentido da fala permite-nos pensar a clínica como um espaço onde o novo pode emergir. Ao ir ao encontro à falta original na análise, o sujeito poderá se voltar às suas questões, desviando-se de seus significantes cristalizados, elaborando seus fantasmas. E criar, assim, outras maneiras de interpretar e dar novo significado às suas angústias (p. 55–57).

Entendemos que o real demarca seu lugar através dos acontecimentos psíquicos que vão do trauma à fantasia. O trauma persiste, apontando para um encontro desvelado com o real, enquanto a fantasia recobre, dá um sentido ao real. A angústia que é produzida no percurso analítico proporciona ao analisante um encontro com o real de sua condição de sujeito, atravessado pela linguagem.

Dessa forma, Lacan (1964/1998) distingue o que há na repetição de retorno, insistência dos signos, comandados pelo princípio do prazer (*automaton*), e o que há de inassimilável, de encontro enquanto essencialmente faltoso (*tyché*). Encontro sempre faltoso, que revela a ausência, vazio, buraco, o fim da cadeia significante, a falta de significante do grande Outro (p. 56).

O autor (1964/1998)) sustenta que em cada repetição algo se cria no trabalho analítico, pois a repetição produz uma hiância, uma falta, onde a possibilidade de criação é evocada (p. 62). Na análise, há um impossível de regular, um vazio em torno do qual as construções são produzidas, onde a vida pode prosperar.

Nas palavras de Miller (1998), "o mesmo vai emergir a partir da produção do diverso" (p. 46). Isso significa que, de várias maneiras, a repetição se manifesta, mas, em cada uma delas, a possibilidade de uma produção inédita pode ser estabelecida.

Na teoria freudiana, como já vimos, a repetição está vinculada à reprodução de alguma coisa passada. Mas o próprio Freud sugere que as repetições são edições corrigidas e revisadas, e não apenas simples reimpressões. No texto, "Recordar, repetir e elaborar" (1914/1980), o autor destaca a especificidade da repetição: esta não deixa de permanecer subordinada, atrelada à rememorização daquilo que é repetido no agir da transferência. Freud associa, portanto, repetição com transferência.

Embora esse enunciado nos pareça simples, a análise é um processo complexo, em que as resistências acompanham o tratamento como uma força poderosa, dificultando as lembranças recalcadas. Segundo Freud (1914/1980), "o paciente retira do arsenal do passado as armas com que se defende contra o progresso do tratamento – armas que lhe temos de arrancar, uma por uma" (p. 198). A transferência, fragmento da repetição, revela o inconsciente em ato e não em palavras. A análise é produzida a partir da transferência que é um dos nós da trama psicanalítica.

Para Freud (1914/1980), a repetição é obstáculo quando impede a recordação e, consequentemente, bloqueia a associação livre. O analisante repete, transferindo ao analista sentimentos que lhe são familiares: ódio, amor, rancor, ciúme etc., e, a partir disso, o material recalcado pode vir a trabalho. Quanto maior a resistência, mais frequente a repetição em ato, pois esta substitui o recordar. Ao recordar, o analisante repete o que já avançou a partir das fontes do recalcamento por sua personalidade manifesta: seus sintomas, seus traços patológicos, suas inibições (p. 198).

Depois dessa digressão, voltemos ao texto lacaniano pertinente a estas reflexões.

Sobre a repetição, Lacan (1960–1961/1992) enfatiza a relação com o Outro que propicia a fala do sujeito. Segundo o autor, é no lugar desse Outro que existem furos no encadeamento significante dos termos da história do sujeito. Na análise, isso está presente permitindo ao sujeito que descubra a que Outro ele se dirige, e que assuma as relações de transferência, de forma gradativa e progressivamente. É nesse engano que pode surgir a verdade do sujeito, verdade sempre incompleta, pois esta tem a ver com as particularidades de cada um. Nas palavras de Lacan (1960–61/1992): "é próprio das verdades nunca se mostrarem por inteiro" (p. 173).

A análise dá um significado à fala que vem do Outro simbólico. Lidamos, assim, com a linguagem incompleta para tratar dos restos que insistem.

Se a fala se mantém, é porque existe a transferência. Por mais interpretada, analisada que a transferência seja, ela comporta em si um limite irredutível. Lacan (1960–61/1992) esclarece que a interpretação e a intervenção sobre a transferência no processo analítico devem vir do analista, e que este processo é passível de limites. Formaliza que a realidade da transferência é a presença do passado, uma presença em ato, uma reprodução, e, "se a reprodução é uma reprodução em ato, então existe na manifestação da transferência algo de criador" (Lacan, 1960–61/1992, p. 176). A transferência surge como uma fonte de ficção, pois, a partir dela, o sujeito produz, fabrica, cria, constrói alguma coisa. A partir dessa colocação, Lacan, no mesmo texto, formula questões novas sobre o fenômeno descrito: qual a natureza dessa ficção? Qual o objeto dessa ficção? O que é que se finge? Para quem se finge? Formaliza: "se não se responde de imediato para a pessoa a quem se dirige, é porque não se pode acrescentar sabendo disso" (p. 177). O que sabemos do inconsciente permite-nos dizer que existem fenômenos psíquicos que se desenvolvem, se produzem e se constroem para serem ouvidos por este Outro que está ali – o analista.

A transferência é distinta da repetição, mesmo que ambas possam ter efeitos semelhantes no processo analítico.

Lacan (1951/1998) diz "que a transferência não é nada de real no sujeito senão o aparecimento, num momento de estagnação da dialética analítica, dos modos permanentes pelos quais ele constitui seus objetos" (p. 224). A função da transferência é reativar o processo analítico, e isto ocorre sobremaneira num momento dialético do processo, mesmo que ela venha sob uma aparência de emoção, sentimento ou mesmo no silêncio. Ainda segundo o autor (1953–54/2009):

> Uma análise não é nada senão uma série de revelações particulares para cada sujeito. É, pois, verossímil que sua atividade exija do analista que ele se mantenha alerta para o sentido do que faz, e que ele deixe, de tempos em tempos, um momento para o pensamento (p. 348).

O importante a reter aqui é a dimensão *a posteriori* que comporta uma análise. Processo que implica articulações que não tem por base uma cronologia, mas, ao contrário, comporta o tempo do inconsciente, tempo singular.

No "Seminário XI" (1964/1998), o conceito de transferência é desdobrado por Lacan: a transferência dá acesso, de forma enigmática, à indeterminação do sujeito. O sujeito repete, e sua ação é entregue à reconstrução do analista. O Outro, representado pelo analista, está presente na revelação subjetiva. Ele já está lá quando o analisante se lança ao processo. O "Outro, o grande Outro (A) já está lá, em toda abertura por mais fugidia que ela seja, do inconsciente" (p. 125). A transferência é a maneira pela qual se interrompe a comunicação do inconsciente, produzindo com este corte o seu fechamento. A transferência é um nó, é um processo impactante que ganha desdobramentos com a interpretação e que está presente ao longo do processo de análise.

Em síntese, o conceito de transferência, para Lacan, sofreu modificações ao longo do seu ensino. Na década de 50, o amor era visto como cerne da transferência; na década de 60, o núcleo da transferência situou-se na ideia de sujeito suposto saber, cujo desenlace do de-ser direciona ao advento do objeto *a*. No final de seu ensino, a noção de transferência, articulada à dimensão de real, contemplará o objeto *a* como núcleo da transferência.

O final de análise comporta a queda da transferência, momento em que o saber é insuficiente, etapa em que o analista é desalojado do lugar de sujeito suposto saber. A transferência, dessa maneira, se dilui de forma singular. A transferência, como já foi dito, é um dos quatro conceitos fundamentais abordados por Lacan, mas sublinhamos neste contexto o valor dado à questão da repetição na teoria e na clínica da psicanálise, pois, se ela é ponto de resistência no processo de análise, por outro lado, é através dela que podemos apostar no possível de uma análise se concluir.

Segundo Roudinesco e Plon (1998), Lacan inovou o conceito de repetição inconsciente e assinalou que "a repetição é o movimento, ou melhor, a pulsação que subjaz à busca de um objeto, de uma coisa (*das Ding*) sempre situada além desta ou daquela coisa particular e, por isso mesmo, impossível de atingir" (p. 658).

Neste contexto, a repetição não diz respeito à reprodução daquilo que é semelhante ou mesmo idêntico. Ela evoca um fragmento da vida real, que nem sempre vem através de palavras durante a sessão e pode surgir pela atuação, ou *acting out*. Ao repetir, sem saber que está repetindo, o analisante produz uma ação, trazendo vestígios daquilo que foi recalcado. No ato de recordar, há um impasse, uma paralisação e, ao invés das lembranças, surgem as ações. O sujeito tampona a recordação com o ato e esta repetição vem nos revelar a força da pulsão. A repetição mostra que há um obstáculo diante do qual o sujeito nada pode fazer. Porém, é justamente porque existe a repetição que é possível isolar o obstáculo.

Por intermédio da repetição, dos lapsos do discurso, das lacunas e distorções, e também através dos sintomas podemos ler o traço apagado do recalcado, que surge na linguagem particular que apreende o desejo inconsciente, como um ponto de gozo a ser trabalhado e que comporta um sentido, estabelecendo a maneira pela qual o discurso do sujeito se organiza e se manifesta.

A análise, a partir da repetição, pode fazer uma travessia, pois em cada repetição algo de novo pode emergir. Travessia que nos faz pensar na possibilidade de uma análise se concluir.

Retomamos Freud (1937/1980), quando ele indica os obstáculos ao prosseguimento da análise: a influência dos traumas, a força das pulsões, a inércia psíquica, a adesividade da libido, as alterações do eu e, principalmente, a reação terapêutica negativa. Ele se debruçou ao questionar o término da análise e, aqui, podemos questionar se tais fatores podem se tornar promissores ao longo do percurso.

Através da repetição e pelo manejo da transferência, revivendo os traumas na situação analítica, trabalhando as pulsões, amarrando-as, reelaborando as atitudes relativas ao eu antes geradores de sofrimento, a finalização de uma análise pode se efetivar? O que Freud sustentou como obstáculo ao tratamento pode, através da repetição considerada não como retorno (*automaton*) mas como encontro faltoso (*tyché*), transformar em sucesso um tratamento analítico? Acreditamos que estamos diante de uma possibilidade de final de análise, que é a questão que movimenta este estudo.

Ao longo do texto de Freud (1937/1980), entre outras perguntas, ele se interroga sobre a dissolução do sintoma. Isso significaria cura? O sintoma retorna? Reaparece com outros nomes? Fica dissolvido, de fato? O ponto em que Freud esbarra – o rochedo da castração –, ponto duro que se refere ao repúdio ao feminino, não responde a sua interrogação. Acreditamos que Freud não fecha a questão diante deste impasse e, sim, manifesta esse ponto de abertura para os estudiosos da psicanálise.

Pela lógica da castração, na abordagem lacaniana, vimos que só é possível chegar ao objeto do desejo se o sujeito se confronta com a castração. Diante da falta e pela emergência do objeto *a* o acesso ao desejo é possível.

O objeto *a* advém quando o Outro não mais concede uma resposta satisfatória ao sujeito, quando há, portanto, uma fratura no campo do Outro. Desta maneira, o objeto causa do desejo, inacessível, pode emergir.

Abordaremos a posição do sujeito na análise diante da castração, que é o viés pelo qual nosso trabalho se envereda, tendo como foco a demanda e o desejo, conceitos entrelaçados e que merecem desdobramentos.

A posição do sujeito na análise diante da castração: demanda e desejo

Embora demanda e desejo sejam palavras com sentidos próximos, na teoria psicanalítica elas têm conotações distintas e merecem ser detalhadas para a compreensão de seu uso. O conceito de demanda é usado de uma forma mais parcimoniosa e menos complexa do que o conceito de desejo.

De acordo com Kaufmann (1996), ao falar do inconsciente e se referir ao Outro como o tesouro dos significantes, Lacan diz:

> Demanda de amor é a experiência pela qual se recortam, para todo humano, certos traços do Outro que estruturam simplesmente sua relação com a linguagem e seu desejo. O que distingue a demanda de amor de toda necessidade constitui, portanto, o primeiro paradigma da inadequação constitutiva do desejo (p.118).

Segundo Houaiss (2001), demanda é a "exigência que incide sobre um objeto equivocado e, portanto, impossível de ser satisfeita, segundo o psicanalista Jacques Lacan (1901–81)" (p. 933). De acordo com Quinet (2003):

> Lacan propôs o conceito de demanda como resposta ao conceito de frustração, muito em voga no movimento psicanalítico da época, para inscrever esse conceito no campo da fala e da linguagem. A frustração é o sentimento provocado no analisante pela não resposta à demanda, e a regressão, que implica essa frustração, correspondente à emergência de significantes da história libidinal infantil do sujeito (p. 95).

A demanda em psicanálise implica que apareça o Outro. E, nela, a palavra traz um enunciado, em geral de uma forma implícita, que compromete o Outro e que é possível de ser decifrado.

A demanda pode ser entendida a partir daí: o sujeito que dá significado ao choro, ou ao grito, ou ao balbucio, é o Outro provedor, em geral, a mãe. Esse Outro, dando significado ao pedido do bebê, ao fazer sua interpretação, transforma essa expressão em demanda.

O conceito de desejo, mais amplo e elaborado na teoria psicanalítica, se expande ao sentido corriqueiro do linguajar popular.

Nas palavras de Roudinesco (1998), desejo é:

> Um termo empregado em filosofia, psicanálise e psicologia para designar, ao mesmo tempo, a propensão, o anseio, a necessidade, a cobiça ou o apetite, isto é, qualquer forma de movimento em direção a um objeto cuja atração espiritual ou sexual é sentida pela alma e pelo corpo (p. 146).

Continuando com a leitura de Roudinesco (1998) se para Freud o conceito de desejo vem articulado à teoria do inconsciente designando uma propensão ou mesmo uma realização dessa propensão, Lacan conceituou a ideia de desejo como uma cobiça, ou qualquer realização de um anseio. Para o psicanalista vienense, o desejo se refere ao desejo inconsciente. O desejo, por ser desejo inconsciente, se liga à concepção de sonho, recalque e fantasia. É na teoria dos sonhos, em "A interpretação dos sonhos" (1900/1980), que encontramos a definição freudiana de desejo: o sonho traz a realização de um desejo (p. 544), que é desejo recalcado, e a fantasia comporta a encenação alucinatória do desejo em voga. O desejo está ligado aos traços mnêmicos e às lembranças que foram recalcadas.

Isso se compatibiliza com o exemplo trazido por Freud no texto acima citado: um pai, após a morte do filho, depois de tê-lo acompanhado em seu leito de morte, adormece no quarto ao lado e sonha com o filho vivo, que o censurava e o pegava pelo braço ao lhe sussurrar algumas palavras (p. 544). O pai desejava o filho vivo e a cena deste sonho retrata justamente isso: o filho ainda com vida. O sonho veio implicar essa satisfação de encontrar o filho vivo, retardando o radical confronto com a morte. Podemos constatar que o autor formaliza que não temos acesso ao desejo, mas que, através do sonho temos acesso à realização dele. É o desejo que movimenta o aparelho psíquico. No texto de 1911, "O manejo da interpretação de sonhos na psicanálise", Freud (1911/1980), sublinha que "temos de contentar-nos se a tentativa de interpretação traz à luz um único impulso patogênico de desejo" (p. 124). O desejo reaparecerá em outros sonhos, tenhamos ou não os interpretado adequada ou completamente.

Se nos tempos de Freud, o desejo, elemento privilegiado na constituição do sujeito, era objeto de estudo e tinha como base uma articulação moral e ética, nos tempos de Lacan, o desejo interessa a partir da sua articulação pela demanda, ou seja, pelo significante. O desejo se relaciona com a cadeia significante; na evolução do sujeito, ele se apresenta como demanda. O desejo é a busca do objeto suposto existir da primeira experiência mítica de satisfação. Este objeto faltoso, perdido, é o que ocasiona a busca implacável de cada sujeito. Marcada a falta na história do sujeito, o objeto vem a brilhar.

Segundo Roudinesco (1998), desejo,

> Em francês, o *Wunsch*, no sentido da psicanálise, foi traduzido por *désir*, em especial no *Vocabulário da psicanálise*, uma vez que não existe outro termo para significar essa realidade e que, em Freud,

> trata-se efetivamente de uma teoria (do desejo) que remete a um conceito, e não a uma palavra (p.147).

A necessidade é outro termo que merece destaque, pois quase sempre tem um sentido que pode se mesclar aos significados de demanda e de desejo. Para a autora (1998), a necessidade é de natureza biológica e encontra satisfação em um objeto real – o alimento, a água –; ela se situa do lado do animal, ou seja, tem sempre um objeto que a satisfaça, como o alimento que satisfaz a fome ou a água que satisfaz a sede. Está relacionada com a ligação entre o ser vivo e a natureza. As necessidades do sujeito entram no jogo da linguagem como significantes, por exemplo, o seio, as fezes, que são chamados de objetos significantes. Nem tudo se inclui dentro dos significantes, pois algumas necessidades não se articulam à demanda. O que não se articula apresenta-se como desejo, ou seja, está fora do significante. O desejo (*Begierde*) é o que brota da distância entre a demanda e a necessidade. A demanda, portanto, dá significado ao desejo, este causado pelo objeto *a*. A demanda passa pela fala, mas a forma como ela é enunciada – sua entonação, seu tom, seu ritmo – é o que interessa à análise, pois é desta maneira que o desejo se desdobra (Roudinesco e Plon, 1998, p. 146–147).

O desejo está articulado à identificação narcísica que culmina com a constituição do eu, relação que está vinculada à imagem do outro e a tudo que esta imagem comporta: Eu ideal, Ideal do eu, imagem especular.

Para a compreensão da apreensão do desejo na história do sujeito, é necessário o entendimento do seu processo de constituição e da castração vivida por cada um no período da vivência do complexo de Édipo com as consequências dessa operação.

A experiência analítica enuncia a função do desejo, seu percurso e também seu limite, já que este comporta algo de inalcançável. Ele só é articulado mediante a presença de um significante que o represente. O desejo tem afinidade, cumplicidade com a dor, e na análise só é possível ter acesso ao desejo através de uma demanda que traz uma solicitação, via linguagem do paciente. Como desenvolvemos no cap. 2.2 deste livro, o significado do desejo, que por sua vez é causado pelo objeto *a* (resto da divisão), surge na situação analítica quando o sujeito, através do sintoma demanda algo que dê respostas satisfatórias às suas questões. Somente implicando o Outro no desejo é possível articular a experiência de análise.

Lembremos que a estrutura do sujeito se origina de um furo; furo este essencial para que a estrutura se constitua, e que equivale àquilo que Freud (1950 [1895]/1980) denominou de objeto perdido. Este objeto, perdido na primeira experiência de satisfação, seria o suposto objeto que daria plena satisfação ao sujeito. Uma vez não saciado, o sujeito continua a desejar, buscando objetos variados que lhe deem ao menos uma fração dessa satisfação perdida para sempre. O resultado dessa fundamental experiência do sujeito é que ela deixa uma certa percepção, cuja imagem mnêmica fica associada com o traço mnêmico da excitação da necessidade. Ficam agora traços ou vestígios que serão reinvestidos. Nas situações que se seguem na vida do bebê, a partir dessa primeira experiência, haverá uma associação entre o traço da necessidade (fome, por exemplo) e o traço de percepção que trouxe a satisfação. A nova percepção produzirá uma alucinação satisfatória do desejo, pois faz conexão com a primeira. Esse movimento que se desloca da excitação pela necessidade primária do sujeito – de comer, por exemplo – passando pelo traço do objeto capaz de satisfazê-lo – o seio, no caso – é chamado de desejo. A alucinação é a realização de desejo (Freud, 1950 [1985]/1980), p. 336–337).

A demanda parte da relação do sujeito com outro sujeito, mas essa relação se efetiva pela linguagem e essa linguagem é intermediada pelo sistema de significantes. Dessa forma, a cadeia de significantes está associada à demanda, pois esta é produto de uma fala. A demanda, que se manifesta em cada fala, traz o desejo de uma forma camuflada. Ela se manifesta na cadeia de significantes por onde o desejo se articula de forma metonímica, na medida em que, pela fala, se passa de um significante a outro. Na verdade, o que o sujeito demanda é que o Outro complete o que lhe falta (o falo). Nas palavras de Quinet (2003), "o desejo é a busca do objeto perdido, a demanda é o pedido de satisfação do *status quo ante*" (p. 88).

Na clínica, o analisante espera que o analista responda às questões que lhe causam mal estar e busca algo no tratamento: demanda sem nome, sem fim; e vota ao analista a cura, a resposta, o saber. Na verdade, o que o sujeito demanda é algo que dê consistência ao ser. A demanda pode comportar traços de uma perda, pois os significantes não são todos traduzidos em palavras. E é a ausência de respostas do analista que possibilita o advento do desejo.

Está subentendida assim a busca constante do sujeito, na análise ou na vida, que nos remete à castração, tema prioritário deste livro. A experiência da falta pode se apresentar de várias maneiras, por exemplo, na necessidade do sujeito de ser reconhecido, no sentimento de menos valia etc. e tudo isso pode ser compreendido na análise como castração.

Na castração não é o caráter anatômico que tem relevância, mas o significante que ela comporta. A castração, que implica a relação de um desejo com uma marca inscrita em cada sujeito, vem mesclada ao desejo particular e é deixada pela vivência edipiana. Para que o desejo chegue à maturidade, é necessário que o falo seja conservado enquanto a criança atravessa a ameaça da castração. O desejo e a marca carregam uma relação íntima, pois o sujeito assume a marca que condiz com seu desejo, que exerce uma função com características que lhe sejam singulares (cf. Lacan, 1957–58/1999, p. 318–320). O que marca um sujeito não marca o outro necessariamente, por isto desejo e marca são particulares, únicos na história de cada um. A relação do sujeito com seu desejo não é uma relação com o objeto, mas com o seu próprio ser que se posiciona perante o Outro para assim apreender a sua posição.

Na teoria lacaniana (1957–58/1999), os objetos são significantizados, ou seja, ganham significantes vários de acordo com as particularidades dos sujeitos. Numa análise, o sujeito busca reconhecer o lugar do significante primário (S_1) pelo qual ele se sente dividido em sua existência. A relação que o sujeito estabelece com esse significante que o divide e o subverte marca o seu destino. Nas palavras de Lacan (1957–58/1999), desligar-se do que é do outro e confrontar-se com sua própria vida é a forma do sujeito apreender "a dor de existir" (p. 266). Ao decompor-se no processo de análise, o sujeito depara-se com a sua divisão: ser incompleto, cingido, mortal, representado por um significante, que por sua vez ocupou o lugar de um terceiro e que o remete à presença do inconsciente.

A estruturação do desejo do sujeito "é a aventura primordial do que se passou em torno do desejo infantil, do desejo essencial, que é o desejo do desejo do Outro, ou o desejo de ser desejado" (Lacan, 1957–58/1999, p. 282). O que fica aí marcado, desejo inconsciente, na análise aparece no sonho, como também nos lapsos, nos chistes, e seu significado está vinculado às condições singulares que a lei do significante impõe ao desejo. Cada sujeito tem marcas próprias, e estas têm relação com o desejo do Outro, desejo que é moldado pelas condições da demanda. Quinet (2008) se posiciona ao dizer que "Lacan chega a identificar essa posição do sujeito em relação à demanda inconsciente com a posição incestuosa, o sujeito devendo escolher entre a demanda e o desejo, ou seja, entre ser o objeto incestuoso e ter o seu próprio sexo" (p. 98).

Lacan (1957–58/1999) formaliza: "a função constitutiva do falo, na dialética da introdução do sujeito em sua existência pura e simples e em sua posição sexual, é impossível de deduzir, se não fizermos dele o significante fundamental pelo qual o desejo do sujeito tem que se fazer reconhecer como tal, quer se trate do homem, quer se trate da mulher" (p. 285). A anatomia, portanto, nada diz do sujeito em relação àquilo que o inconsciente comporta, pois o desejo tem uma referência fálica para todos os sujeitos, homens ou mulheres, e sua significação é interpretada na experiência de análise.

Se Freud descobriu o desejo nos sintomas que interpretou, Lacan (1957-58/1999) formalizou que o desejo está ligado à sua máscara, pois o sintoma traz uma satisfação velada, revestida na sua manifestação (p. 331). O sintoma comporta a satisfação ao avesso. O processo analítico se propõe a revelar, através do sintoma, o inapreensível do desejo, para além do significante eleito para substituir o falo. A análise é, na verdade, a relação particular que o sujeito estabelece com os seus sintomas a serem decifrados, com a sua própria vida e com as vicissitudes que ela traz.

Para Lacan (1964/1998), "o que a experiência analítica nos permite enunciar é bem mais a função limitada do desejo. O desejo, mais do que qualquer outro ponto do quinhão humano, encontra em alguma parte seu limite" (p. 34). O argumento que se apresenta aqui é que o desejo é interpretável mas com limitações, o que sugere que no processo analítico a impossibilidade de tudo saber é uma realidade. A psicanálise revela o quanto é desmedida a pretensão de completude, complementaridade, fusão, pois ela se presta a dimensionar a singularidade. Marcamos, portanto, aqui, uma impossibilidade no final da análise.

Lembramos que a análise se processa entre dois lugares: um de onde parte a demanda (analisante) e o outro que acolhe a demanda (analista) sem, no entanto, respondê-la, implicando aí um lugar de suposto-saber. A posição do analista merece ser detalhada.

O analista, segundo Lacan (1958/1998), faz semblante do Outro, ele não é sujeito. O trabalho do psicanalista será arremessar sua conjetura ao analisante pela interpretação ou pelo corte, provocando-o numa construção que irá se fazendo pouco a pouco, semelhante a um jogo, a um enigma. O analista dirige o tratamento não pelo que ele é, mas pelo que ele faz. Não atua através da sua pessoa, de suas qualidades pessoais, mas por uma ação que é própria a sua função de analista. Não basta crer-se analista para que os efeitos da análise se produzam; é preciso produzir um ato específico à prática da análise. Ele atua no discurso e dirige a cura estabelecendo um discurso específico. A interpretação, que é o paradigma da intervenção do analista, ou o corte produzem uma mudança subjetiva em relação à forma de estabelecer o vínculo discursivo. O analista implicado no vínculo transferencial tem um custo a pagar neste lugar: oferecer-se como suporte ao que lhe é transferido pelo analisante. Paga também com o seu ser, no sentido de privar-se de seu julgamento íntimo; não entra com os seus valores. Isso promove um vínculo particular. Por isso dizemos que a clínica psicanalítica é a clínica da transferência, clínica do significante, clínica do Outro. Quanto mais o analista cala o seu desejo pessoal, mais a alienação do desejo do analisante no Outro surgirá (Lacan, 1958/1998, p. 592–593).

O desejo do analista para o autor (1964/1998) é uma função essencial. É um desejo vazio de conteúdo, é um lugar na experiência psicanalítica. O desejo do analista é o nome que se dá à causa da análise, à causa do desejo da análise. Nada parte do analista senão ser o desejo capaz de produzir a análise. O seu desejo deve ser colocado na estrutura analítica como desejo do Outro. E é aí, nesse lugar, intervalo entre o desejo e o Outro como causa do desejo, que ele vem a se constituir (Lacan, 1964/1998, p. 259).

Em "A direção do tratamento e os princípios de seu poder" (1958/1981), Lacan sustenta que quem dá direção ao tratamento é o analista (p. 592), mantendo este lugar de "falta-a-ser", ao não responder à demanda do analisante. Esse termo, falta-a-ser, é empregado na teoria lacaniana designando a completude irremediavelmente perdida e eternamente buscada pelo sujeito. A perda acontece porque o sujeito é representado entre significantes e, dessa maneira, o ser fica de fora. Na relação analítica, isso significa que o analista é suporte do vazio, serve seu nada como semblante. Servir de semblante significa que o analista na verdade não passa de uma suposição, pois nada tem. Caminho que possibilita conduzir o analisante ao inconsciente, já que este se constitui nesse ponto de falta, e é em torno dele que os significantes se estruturam. O analisante, no confronto com o não saber do analista pode vir a buscar as suas respostas, e não mais as respostas do Outro.

Segundo o psicanalista francês (1964/1998), como já dissemos, o sujeito se constitui no campo do Outro, através da linguagem. É no campo da linguagem que duas operações se processam: alienação e separação. Operações destinadas a definir as formas de conjunção-disjunção da relação do sujeito com o Outro.

Faz-se necessário diferenciar essas duas operações neste ponto da leitura, pois há um interjogo que constitui o sujeito. As duas operações são abordadas no Seminário XI e também nos Escritos, no texto "A posição do inconsciente no Congresso de Bonneval" (1960–64/1998), sendo a estes dois textos citados que vamos nos reter agora. Essas operações só têm sentido porque o sujeito está imerso na linguagem, e esta comporta a existência simbólica e cultural que determina o sujeito muito antes que ele chegue à vida. O sujeito, para responder a um nome que lhe foi destinado, dá uma resposta, identificando-se a ele e lhe concede, desta forma, um sentido. Desta maneira, o sujeito advém ao mundo atrelado aos significantes que lhe foram destinados e ao desejo do Outro aí implicado, que lhe conferiu tais significantes.

Na alienação, o que está em voga é o campo do Outro – relacionado à linguagem e ao campo do ser vivente – relacionado ao registro da necessidade. Neste campo do ser vivente, ainda não existe o sujeito e só podemos compreendê-lo se nos remetemos ao momento mítico da primeira experiência de satisfação, portanto, a um tempo anterior ao sujeito, onde ainda não ocorreu o encontro como o Outro.

Os significantes que carimbam o sujeito e o submetem ao que é dito pelo Outro mostram a operação de alienação, pois o sujeito fala de si pelos significantes do Outro. O sujeito é efeito da linguagem, marcado pelo significante, causado pela ausência do objeto perdido. O sujeito é dividido, assujeitado ao inconsciente, subvertido pela linguagem e pela parcialidade das pulsões. Lacan (1964/1998), no "Seminário XI" pontua:

> Pois essa relação do sujeito ao Outro, onde, enfim, ela termina? Que o sujeito como tal está na incerteza em razão de ser dividido pelo efeito da linguagem, é o que lhes ensino, eu enquanto Lacan, seguindo os traços da escavação freudiana. Pelo efeito da fala, o sujeito se realiza sempre no Outro, mas ele aí já não persegue mais que uma metade de si. Ele só achará seu desejo sempre mais dividido, pulverizado, na destacável metonímia da fala (p. 178).

Dessa maneira, identificações são construídas, e, por mais que o sujeito tente delas se desgrudar, algo permanece mostrando a sua constituição faltosa. Através dessa falta, o desejo é procurado de várias maneiras ao longo da vida, pois não há "o" objeto de desejo capaz de satisfazer o sujeito, mas objetos substitutivos que vão lhe dar satisfações parciais. É assim que, numa cadeia significante infinita, o objeto faltoso desloca-se, metonimicamente.

Lacan (1964/1998) faz sua aposta ao afirmar que "o inconsciente é estruturado como uma linguagem" (p. 193), e, como tal, a presença do desejo se faz pela articulação de um significante a outro significante. O autor designa o primeiro significante por significante unário ou S_1, significante mestre, recalcado originário, sem sentido, aquele que aparece como desejável: e S_2 o outro significante, ou S binário, o saber, a partir do qual o primeiro pode estabelecer-se em sua significância.

Para formalizar as operações de alienação e separação, Lacan recorreu à matemática e usou as definições de reunião e interseção dos conjuntos para melhor elucidação dos termos. A reunião se refere à junção e a interseção se refere àquilo que é comum às duas partes. A reunião é característica da alienação e da separação. Como na matemática, os elementos que são comuns, que se repetem nos dois conjuntos, formam uma porção única (interseção – onde os dois estão em campo de falta). Porém, não é possível dizer a qual dos dois conjuntos originais pertencia esses novos elementos, pois se pertencem a um não pertencem a outro campo. A cada um dos campos falta alguma coisa. Dessa maneira, não é possível detectar a qual conjunto pertencem, de forma que ambos os conjuntos perdem elementos. Se, em hipótese, pudéssemos retornar aos conjuntos originais, provavelmente encontraríamos conjuntos com elementos que foram automaticamente perdidos.

Jacques Lacan (1960–64/1998) designa por *vel* (ou, em latim) a união. A alienação consiste nesse *vel* que impõe ao sujeito a condição de só aparecer na divisão (sujeito dividido). Na alienação, operação que se refere ao simbólico, o que cai é o S_1, o significante que está na origem do inconsciente e que é, portanto, recalcado.

Para o autor (1960–64/1998), na separação o *vel* retorna como *velle* (*querer*, em latim) e, através da queda do objeto, surge um querer, o desejo. Desejo que se liga ao *separare* (separar), que se desdobra no *parere* (gerar a si mesmo). No processo de separação, um desejo inédito pode advir, desejo separado do desejo do Outro (p. 855).

Na operação de separação, o Outro que está aí implicado é um Outro a quem falta alguma coisa: o campo do Outro não contempla todos os significantes, pois não há significantes para o gozo e para a mulher. Só é possível articular um sujeito desejante se compreendemos o Outro como faltante – Outro do desejo. Por isso, a separação é uma operação que implica o objeto (falo), objeto também faltante ao Outro. A interseção apresenta não o que une os dois (sujeito e Outro), mas o que falta a ambos, justamente porque nas duas partes (como nos dois conjuntos da matemática) falta um significante que seja capaz de representá-los. Em suma, falta o objeto capaz de satisfazer. A interseção recobre duas faltas: a do sujeito (ser faltoso) e a falta do Outro: diante de tais faltas a via do desejo é acessível. Se na separação a identificação que ocorre é a identificação ao objeto *a*, o que cai na separação é também o objeto *a*. A separação, portanto, supõe a saída da alienação, saída para além daquilo que está marcado no Outro (p. 856-858).

Tendo como base os textos lacanianos acima mencionados, as operações citadas se processam em dois momentos definidos como tempo do sujeito (alienação) e tempo do objeto (separação), postulados na fórmula da fantasia. Podemos dizer que o sujeito em análise constrói sua fantasia fundamental e pode, a partir dela, ir ao encontro de seu desejo. Ao analista compete convocar o analisante ao trabalho de construção da sua fantasia, permitindo que este se responsabilize pela sua história e aproprie-se dos significantes mestres que ordenam sua vida, que compõem a sua história. O analista através da sua interpretação, pela via transferencial, ou do seu silêncio, permite uma nova ligação dos significantes da cadeia, propiciando um outro sentido ao que já estava estabelecido. Na análise, a expressão do desejo se revela no trabalho de interpretação, *a priori*, ao nível da linguagem. A fantasia é, na verdade, o cenário que o sujeito constrói para a sua própria questão diante do desejo do Outro e constitui para o analisante a ilusão de ser. Ele ancora o desejo a algum objeto, ou a vários, e sem essa ilusão o desejo estaria à deriva, infinitamente solto, oscilante.

Concluindo, a alienação é uma operação que se dá via significante. A separação advém porque o significante, por não significar a si mesmo, gera um constante relançamento a um outro significante e deixa um resto não traduzido. O campo do Outro, faltoso, não é suficiente para representar o sujeito. A separação descortina o objeto *a* e possibilita o advir do desejo.

Para abordar o impasse de Freud diante da castração, Lacan propõe o objeto *a*, como foi dito anteriormente, que designa um resto real da divisão do sujeito, que escapa ao simbólico e representa um resto de gozo.

Lacan busca na teoria freudiana, para explicar a posição do sujeito diante da ausência do Outro primordial (a mãe), o jogo do *fort-da* (esconder-oferecer), que Freud apresenta em seu texto "Além do princípio de prazer" (1920/1980), na descrição do brinquedo de seu neto: jogo simbolizado pelo carretel. Este jogo consistia em arremessar um carretel de madeira com um pedaço de cordão amarrado em volta dele por sobre a borda de sua cama encortinada, de maneira que o brinquedo desaparecia por entre as cortinas, ao mesmo tempo em que o menino produzia um som que representava a palavra alemã "*fort*" (por fora, longe). Puxava então o carretel para fora de sua cortina, através do cordão, e saudava seu novo aparecimento com a palavra: "*da*" (ali). Essa brincadeira completa representava, para Freud, o desaparecimento e o retorno do objeto. Sinalizamos que a criança ao brincar põe fonemas em sua maneira de se expressar e nessa simbolização há ganhos e perdas.

Para Lacan (1964/1998):

> A hiância introduzida pela ausência desenhada e sempre aberta permanece causa de um traçado centrífugo no qual o que falha não é o outro enquanto figura em que o sujeito se projeta, mas aquele carretel ligado a ele próprio por um fio que ele segura - onde se exprime o que, dele, se destaca nessa prova, a automutilação a partir da qual a ordem da significância vai se por em perspectiva (p. 63).

Esse carretel não é a mãe, é alguma coisa do sujeito que se destaca, algo que ainda é dele, que ele ainda segura. O que ainda é dele, nesta cena, denominamos de objeto *a*.

Na hiância do inconsciente o objeto *a* se manifesta e se apresenta como uma descoberta que escapa, marcando a dimensão da perda e, como já foi dito, o objeto *a* apresenta várias faces em diferentes momentos do ensino de Lacan.

Kaufmann (1996), ao apresentar o conceito de objeto *a* refere-se à lista dos objetos parciais como "estilhaços" do objeto *a*, pois, segundo o autor, não há ideia do objeto *a* a não ser em seus "estilhaços". Ele chama a atenção para três aspectos que envolvem esta questão: num primeiro aspecto, o objeto *a* é constituído pelos estilhaços na diversidade das pulsões parciais. Num segundo aspecto, ele é o objeto primeiro, elaborado como vazio, que Lacan definiu como o objeto do qual não se tem ideia. Num terceiro aspecto, faz referência ao objeto *a* como um resto, resíduo. Esse resto é dinâmico e reativa a questão do desejo (p. 378).

A realidade do inconsciente, tanto para Freud como também para Lacan, é uma realidade insustentável: a realidade sexual. O significante entrou no mundo pela realidade sexual, através da relação com os progenitores, e a captura dos significantes que marcam o sujeito é o ponto de busca em um processo de análise.

É a isso que uma análise conduz: ao encontro com o impossível de se conhecer, um umbigo, uma cicatriz real, pois o desejo se revela através do Outro e é alienado aos significantes do saber inconsciente.

Se Freud relaciona o final de análise à queda da transferência, ao fortalecimento do eu e ao enfraquecimento do sintoma, em decorrência da amarração da pulsão, Lacan formaliza a finalização do processo em relação à destituição subjetiva, à travessia da fantasia e à identificação ao sintoma. Podemos aventar que Lacan formalizou essas questões em seu ensino, mas não é essa a proposta à qual este texto se dirige. Vamos nos deter nas possibilidades e impossibilidades do processo chegar a um fim.

Vimos neste subitem o movimento da demanda e do desejo e a função do analista na condução do analisante aos pontos de impasse. Surgem, então, algumas perguntas: podemos falar em "finais de análise" e de um final de análise, pressupondo que cada sujeito faz um rearranjo particular, próprio, único, que permite seu novo funcionamento? O confronto com a castração compreende uma abertura a novos caminhos ao invés de apenas interrogar?

Considerações Finais

Podemos falar de cura num processo analítico como Freud se propôs a investigar? Podemos dizer que houve avanço nas questões referentes ao final de análise com o ensino de Lacan?

Perguntamo-nos, afinal: a análise tem um fim? O que o sujeito se torna no final do processo analítico? Estas foram as questões que emolduraram a pesquisa que deu origem a este livro. Outras indagações, entretanto, despontaram ao longo deste estudo: o que resta das operações de lutos, perdas, desarmamentos do sujeito? O que foi feito da castração, impasse do sujeito?

Se, no início, há uma demanda em relação ao sofrimento causado pelo sintoma, no final do processo analítico, acreditamos que haja um desinvestimento diante da angústia que a castração gerou. O falo (objeto privilegiado) deixa de ser o mais importante, mas relevante passa a ser o que fazer com o que sobra, com o que é próprio do sujeito, com aquilo que lhe é particular. O sujeito que vive a experiência analítica aprende paulatinamente que é preciso desistir da demanda que é dirigida ao Outro de uma maneira mais efetiva. Reconhece que nenhum Outro pode satisfazer uma demanda que é sua e isso significa assumir a sua castração. Esse é o confronto com a sua solidão. Há uma incompletude que é própria da estrutura da linguagem: as palavras são insuficientes, não comportam toda a decifração.

Acreditamos, sim, que o final de análise produza a criação, em que pode emergir a porção inédita de cada um. O sujeito, desarmado de seus temores e fantasias remotas pode "ascender" e passar a responder com seus próprios significantes, e não mais com os significantes que estavam repetitivamente ancorados no Outro. O sujeito se responsabiliza por aquilo que é impossível de se dizer. Passa, assim, a recorrer ao Outro de uma nova maneira.

O efeito que a análise produz no sujeito é um progressivo confronto com o Outro faltoso, um encontro além da castração, encontro que não é mais mera repetição. O sujeito pode assumir uma postura inédita em relação às suas atitudes e arcar com as consequências das mesmas.

Freud formulou que, tanto para o homem quanto para a mulher, o intransponível é o rochedo da castração. Para Lacan, o confronto com a castração e a sustentação na metáfora paterna abrem perspectivas para a busca do desejo. No final da análise, operar com a castração significa que o sujeito seja capaz de se haver com o seu próprio desejo.

É no confronto com a falta, com o impossível de tudo saber, que surge a possibilidade da criação singular do sujeito que traz subentendido um custo: o risco, a aposta, a responsabilidade diante do acaso (*tyché*), as vicissitudes que a vida pode apresentar. Neste sentido, a história de cada sujeito é uma história que não tem fim, pois o desejo pode ser relançado diversas vezes nas construções e escolhas de cada um.

O possível em uma análise é a elaboração dos traumas, a canalização das pulsões, o fortalecimento diante da vivência dos lutos, as posturas fortalecidas frente as perdas, a transposição dos obstáculos que a vida impõe. O impossível em uma análise é o tudo saber, é a imunidade diante dos sintomas ou dos desafios que a vida traz.

Acreditamos que o trabalho analítico comporta a imperfeição, a incompletude, o que não o descredibiliza. Ressaltamos que analista e analisante trabalham com recursos limitados, árduos, passíveis de questionamentos e teorização. O final de análise é, na verdade, uma experiência de confronto, de reconhecimento. É um novo investimento frente à angústia da castração e ao encontro com o mais de gozar trazido pelo objeto *a*. É a convicção do limite, do silêncio, da insuficiência das palavras, da falta de garantia.

Final de análise pressupõe a aventura singular e particular do desejo até os seus limites. É a escrita da experiência: o convite a criar o novo diante do vazio, a possibilidade do sujeito apropriar-se da sua trajetória. É uma maneira distinta, conquistada, de ser capaz de escrever as suas próprias linhas.

Referências

Andrade, M. C. et al (2009). Transfinitos: final de análise, (n. 8). Belo Horizonte: Gutenberg.

André, S. (1998). O que quer uma mulher? Rio de Janeiro: Zahar.

Aristóteles. (1990). Leçons de Physique. Livre I et II suivis d'extraits des autres livres. (J. Barthélemy Saint-Hilaire trad. e comentários) ("Introduction et dossier" de Jean-Louis Poirier"). Paris: Pocket.

Bleichmar, H. (1984). Introdução ao estudo das perversões – Teoria do Édipo em Freud e Lacan. Porto Alegre: Artes Médicas.

Borges, F. (1988). Aventuras de um escuta-dor no reino da super-visão. Estudos de Psicanálise – A prática psicanalítica (n. 12). Belo Horizonte: Círculo Brasileiro de Psicanálise.

Dias, L. M. (2009). No horizonte, o real. In M. C. Andrade et al. Transfinitos: final de análise, (v. 8). (p. 73-78). Belo Horizonte: Gutenberg.

Ferenczi, S. (1927/1992). O problema do fim da análise. In Edição Standard Brasileira das Obras Completas de Sandor Ferenczi (Cabral. A. trad., Vol. 4, p. 15 a 24). São Paulo: Martins Fontes. (Originalmente publicado em 1927)

Freud, S. (1980). Publicações pré-psicanalíticas e esboços inéditos. In Edição Standard Brasileira das Obras Completas de Sigmund Freud (J. Salomão, trad., Vol. 1, pp. 336-337). Rio de Janeiro: Imago. (Originalmente publicado em 1886-1889).

Freud, S. (1980). Extratos dos documentos dirigidos a Fliess. In Edição Standard Brasileira das Obras Completas de Sigmund Freud (J. Salomão, trad., Vol. 1, pp. 197-300). Rio de Janeiro: Imago. (Originalmente publicado em 1892-1899).

Freud, S. (1980). Projeto para uma psicologia científica. In Edição Standard Brasileira das Obras Completas de Sigmund Freud (J. Salomão, trad., Vol. 1, pp. 300-409). Rio de Janeiro: Imago. (Originalmente publicado em 1895- 1950).

Freud, S. (1980). Estudos sobre a histeria. In Edição Standard Brasileira das Obras Completas de Sigmund Freud (J. Salomão, trad., Vol. 2, pp. 91-231). Rio de Janeiro: Imago. (Originalmente publicado em 1893-1895).

Freud, S. (1980). A interpretação dos sonhos. In Edição Standard Brasileira das Obras Completas de Sigmund Freud (J. Salomão, trad., Vol. 4, pp. 103-142). Rio de Janeiro: Imago. (Originalmente publicado em 1900).

Freud, S. (1980). Fragmento da análise de um caso de histeria. In Edição Standard Brasileira das Obras Completas de Sigmund Freud (J. Salomão, trad., Vol. 7, pp. 1-119). Rio de Janeiro: Imago. (Originalmente publicado em 1905).

Freud, S. (1980). Três ensaios sobre a teoria da sexualidade. In Edição Standard Brasileira das Obras Completas de Sigmund Freud (J. Salomão, trad., Vol. 7, pp. 123-237). Rio de Janeiro: Imago. (Originalmente publicado em 1905).

Freud, S. (1980). Duas histórias clínicas (o "Pequeno Hans" e o "Homem dos Ratos"). In Edição Standard Brasileira das Obras Completas de Sigmund Freud (J. Salomão, trad., Vol. 10, pp. 13-154). Rio de Janeiro: Imago (Originalmente publicado em 1909).

Freud, S. (1980). A dinâmica da transferência. In Edição Standard Brasileira das Obras Completas de Sigmund Freud (J. Salomão, trad., Vol. 12, pp. 131-143). Rio de Janeiro: Imago. (Originalmente publicado em 1911-1913).

Freud, S. (1980). Recordar, repetir e elaborar. In Edição Standard Brasileira das Obras Completas de Sigmund Freud (J. Salomão, trad., Vol. 12, pp. 191-203). Rio de Janeiro: Imago. (Originalmente publicado em 1914).

Freud, S. (1980). Conferências introdutórias sobre psicanálise - Conferências I e II. In Edição Standard Brasileira das Obras Completas de Sigmund Freud (J. Salomão, trad., Vol. 15, pp. 27-55). Rio de Janeiro: Imago. (Originalmente publicado em 1916-1917).

Freud, S. (1980). Além do princípio do prazer. In Edição Standard Brasileira das Obras Completas de Sigmund Freud (J. Salomão, trad., Vol. 18, pp. 13-85). Rio de Janeiro: Imago. (Originalmente publicado em 1920).

Freud, S. (1980). A organização genital infantil. In Edição Standard Brasileira das Obras Completas de Sigmund Freud (J. Salomão, trad., Vol. 19, pp. 177-184). Rio de Janeiro: Imago. (Originalmente publicado em 1923).

Freud, S. (1980). O problema econômico do masoquismo. In Edição Standard Brasileira das Obras Completas de Sigmund Freud (J. Salomão, trad., Vol. 19, pp. 197-212). Rio de Janeiro: Imago. (Originalmente publicado em 1924).

Freud, S. (1980). A dissolução do complexo de Édipo. In Edição Standard Brasileira das Obras Completas de Sigmund Freud (J. Salomão, trad., Vol. 19, pp. 215-224). Rio de Janeiro: Imago. (Originalmente publicado em 1924).

Freud, S. (1980). Algumas consequências psíquicas da distinção anatômica entre os sexos. In Edição Standard Brasileira das Obras Completas de Sigmund Freud (J. Salomão, trad., Vol. 19, pp. 303-320). Rio de Janeiro: Imago. (Originalmente publicado em 1925).

Freud, S. (1980). Sexualidade feminina. In Edição Standard Brasileira das Obras Completas de Sigmund Freud (J. Salomão, trad., Vol. 21, pp. 257-279). Rio de Janeiro: Imago. (Originalmente publicado em 1931).

Freud, S. (1980). Novas conferências introdutórias sobre psicanálise. In Edição Standard Brasileira das Obras Completas de Sigmund Freud (J. Salomão, trad., Vol. 22, pp. 139-165). Rio de Janeiro: Imago. (Originalmente publicado em 1933).

Freud, S. (1980). Análise terminável e interminável. In Edição Standard Brasileira das Obras Completas de Sigmund Freud (J. Salomão, trad., Vol. 23, pp. 241-287). Rio de Janeiro: Imago. (Originalmente publicado em 1937).

Freud, S. (2004). Escritos sobre a psicologia do inconsciente. (Hanns, L. A., trad., Vol. 1, pp. 132-173). Rio de Janeiro: Imago.

Houaiss, A. e Villar, M. S.(2001). Dicionário Houaiss da Língua Portuguesa. Rio de Janeiro: Objetiva.

Jones, E. (1961). Vida e obra de Sigmund Freud. Rio de Janeiro: Zahar.

Kaufmann, P. (1996). Dicionário enciclopédico de psicanálise – O legado de Freud e Lacan. (V. Ribeiro e M. L. X. A Borges, trad.). Rio de Janeiro: Zahar.

Lacan, J. (1967-1968/s.d.). O seminário, livro 15: o ato psicanalítico. (Versão anônima).

Lacan, J. (1981). A direção do tratamento e os princípios de seu poder. In Escritos. (V. Ribeiro, trad.). Rio de Janeiro: Jorge Zahar. (Originalmente publicado em 1966).

Lacan, J. (1985). O seminário, livro 11: os quatro conceitos fundamentais da psicanálise. (M. D. Magno, trad.). Rio de Janeiro: Jorge Zahar. (Originalmente publicado em 1964).

Lacan, J. (1985). O seminário, livro 20: mais, ainda. (M. D. Magno, trad.). Rio de Janeiro: Jorge Zahar. (Originalmente publicado em 1972/1973).

Lacan, J. (1992). O seminário, livro 8: a transferência. (D. D. Estrada, trad.). Rio de Janeiro: Jorge Zahar (Originalmente publicado em 1960-1961).

Lacan, J. (1998). Intervenção sobre a transferência. In Escritos. (V. Ribeiro, trad.). Rio de Janeiro: Jorge Zahar (Originalmente publicado em 1951).

Lacan, J. (1998). Função e campo da fala e da linguagem em psicanálise. In Escritos. (V. Ribeiro, trad.). Rio de Janeiro: Jorge Zahar (Originalmente publicado em 1953).

Lacan, J. (1999). O seminário, livro 5: as formações do inconsciente. (V. Ribeiro, trad.). Rio de Janeiro: Jorge Zahar. (Originalmente publicado em 1957-1958).

Lacan, J. (2002). O seminário, livro 6: o desejo e sua interpretação. (Publicação não comercial. Circulação interna da Associação Psicanalítica de Porto Alegre). (Originalmente publicado em 1958-59).

Lacan, J. (2003). Os complexos familiares na formação do indivíduo. In Outros Escritos. Rio de Janeiro: Zahar (Originalmente publicado em 1938).

Lacan, J. (2003). Proposição de 9 de outubro de 1967 sobre o psicanalista da Escola. In Outros Escritos. Rio de Janeiro: Jorge Zahar. (Originalmente publicado em 1967).

Lacan, J. (2003). O ato psicanalítico. In Outros Escritos. Rio de Janeiro: Zahar. (Originalmente publicado em 1969).

Lacan, J. (2003). Televisão. In Outros Escritos. Rio de Janeiro: Zahar. (Originalmente publicado em 1973).

Lacan, J. (2005). O seminário, livro 10: a angústia. (V. Ribeiro, trad). Rio de Janeiro: Jorge Zahar. (Originalmente publicado em 1962-1963).

Lacan, J. (2008). O seminário, livro 7: a ética da psicanálise. (A. Quinet, trad). Rio de Janeiro: Jorge Zahar. (Originalmente publicado em 1959-1960).

Lacan, J. (2009). O seminário, livro 1: os escritos técnicos de Freud. (M. Betty, trad.) Rio de Janeiro: Jorge Zahar (Originalmente publicado em 1953-1954).

Laplanche, J. e Pontalis, J. B. (1983). Vocabulário da Psicanálise. São Paulo: Martins Fontes.

Marini, M. (1990). Lacan, a trajetória de seu ensino. Porto Alegre: Artes Médicas Sul Ltda.

Miller, J. A. (1997). Lacan elucidado: palestras no Brasil. Rio de Janeiro: Zahar.

Miller, J. A. (1998). O osso de uma análise. Seminário proferido no VIII Encontro Brasileiro do Campo Freudiano e II Congresso da Escola Brasileira de Psicanálise - Salvador - Bahia.

Miller, J. A. (1999). Perspectivas do Seminário 5 de Lacan: as formações do inconsciente. Rio de Janeiro: Zahar.

Miller, J. A. (2002). Percurso de Lacan: uma introdução. Rio de Janeiro: Zahar.

Miller, J. A. (2011). Perspectivas dos Escritos e Outros escritos de Lacan: entre desejo e gozo. (V. Ribeiro, trad.; preparação de texto: C. A. Nicéias; versão final e subtítulos M. A. Vieira). Rio de Janeiro: Zahar.

Portugal, A. M. (1999). Onde era o ponto final. A. M. Portugal et al. (Orgs.) Fascínio e Servidão. Belo Horizonte: Autêntica.

Portugal, A. M. (2008). Um corpo que passa. Transfinitos: Transmissão: clínica e passe, (n.7) Belo Horizonte: Argumentum.

Portugal, A. M.; Ferreira, G. C. S; Lavarini, J. & Cardoso, M. R. F. (Orgs.) (2009). Transfinitos: final de análise (8). Belo Horizonte: Gutenberg.

Quinet, A. (2003). A Descoberta do Inconsciente. Rio de Janeiro: Jorge Zahar.

Quinet, A. (2007). As 4+1 Condições da análise. Rio de Janeiro: Jorge Zahar.

Roudinesco, E. (1988). História da psicanálise na França – a batalha dos cem anos. Vol. 2. Rio de Janeiro: Jorge Zahar.

Roudinesco, E. e Plon, M. (1998). Dicionário de Psicanálise. Rio de Janeiro: Jorge Zahar.

Roudinesco, E. & Plon M. (2009). Em defesa da Psicanálise. Rio de Janeiro: Zahar.

Soler, C. (1991). Finales de Analisis. Buenos Aires: Manantial.

Soler, C. (1993). Variáveis do fim da análise. Campinas: Papiros.

Soler, C. (2005). O que Lacan dizia das mulheres. Rio de Janeiro: Jorge Zahar.

Schur, M. (1981). Freud: vida e agonia – uma biografia. Vol. II. Rio de Janeiro: Imago.

Vidal, M. C. V. (2008). Complexo de Édipo, função de nó. Édipo, não tão complexo. Revista da Escola Letra Freudiana, (39). Ano XXVII. Rio de Janeiro: 7 Letras.

Editora
LETRAMENTO